图解
MACD指标
让你精准把握股票买卖点

李洪宇 编著

清华大学出版社
北京

内 容 简 介

本书采用通俗易懂的语言并结合250余幅图表，深入浅出地向读者介绍当前最新的MACD指标应用技巧及其买卖精要，相信广大读者在阅读本书后一定能够开阔思路，有所收获。在编写过程中，作者借鉴了市场上一些有经验人士的投资心得和技巧，并进行了适当的补充和完善，以便帮助投资者形成可供操作的模式或体系。对一些处在潮流前沿的使用技巧，作者在书中也进行了说明，目的就是希望投资者能够继续深入发掘，能够在这些还未有定论的领域有所建树。

本书封面贴有清华大学出版社防伪标签，无标签者不得销售。

版权所有，侵权必究。举报：010-62782989，beiqinquan@tup.tsinghua.edu.cn。

图书在版编目（CIP）数据

  图解MACD指标：让你精准把握股票买卖点 / 李洪宇编著 . —北京：清华大学出版社，2022.10
  ISBN 978-7-302-61456-2

  Ⅰ.①图⋯ Ⅱ.①李⋯ Ⅲ.①股票交易－基本知识 Ⅳ.① F830.91

  中国版本图书馆CIP数据核字(2022)第136103号

责任编辑：张立红
封面设计：蔡小波
版式设计：方加青
责任校对：赵伟玉 葛珍彤
责任印制：曹婉颖

出版发行：清华大学出版社
    网　　址：http://www.tup.com.cn，http://www.wqbook.com
    地　　址：北京清华大学学研大厦A座   邮　　编：100084
    社 总 机：010-83470000   邮　　购：010-62786544
    投稿与读者服务：010-62776969，c-service@tup.tsinghua.edu.cn
    质 量 反 馈：010-62772015，zhiliang@tup.tsinghua.edu.cn
印 装 者：艺通印刷（天津）有限公司
经　　销：全国新华书店
开　　本：170mm×240mm   印　　张：16.25   字　　数：266千字
版　　次：2022年10月第1版   印　　次：2022年10月第1次印刷
定　　价：69.80元

产品编号：096131-01

前言

中国股市在2019年年初开启了一波小牛行情，谈不上波澜壮阔，但也提振了二级市场的士气。虽然上证综合指数的涨幅相对2007年、2015年来说并不算大，但创业板指已剑指历史高点。创业板指2019年上涨了43.79%，2020年上涨了64.96%，截至2021年11月末，当年上涨了17.13%。完全可以用"波澜壮阔"来形容此时的创业板指的涨跌行情。

为什么编写本书

看到股民们无助的样子，笔者既为他们踏空行情感到惋惜，又为他们缺少技术分析本领、面临风险而不自知感到忧虑。因此，笔者希望通过本书将多年来总结的指标操作技巧和实战经验分享给大家，以期为大家带来一些帮助。

本书专门讲解MACD指标应用技巧，在内容编排上也照顾到新股民的认知和技术水平，不但可以满足具有一定实战经验和操作技巧的老股民的需求，帮助他们进一步提高认知水平，在技术上有所突破，还可以让新股民从指标源码入手，深入了解指标的构成，从而为他们今后操作水平的提高打下坚实的基础。

MACD指标博大精深、兼收并蓄，仅仅三句指标源码就完美体现了"以简驭繁"的深刻道理。MACD指标融趋势性、震荡性于一身，被市场人士称为"指标之王"。在众多指标当中，MACD指标也最为广大投资者所认可。

虽然如此，但在操作中能够真正理解并运用好MACD指标的普通投资者寥寥无几，很多人甚至还被某些不当方法所误导，在使用过程中非但没有取其精华，反而陷入了误区而不自知。随着中国股市日益发展壮大，部分投资高手在吸取MACD指标原有精髓的基础上，逐渐摆脱原来的方法的局限，开发出许多新的战法，并将其广泛应用于实战，以适应不断发展的中国股市。

通过本书你可以学到什么

自2019年各大指数上涨至今，"破净股"几乎消失，10元以下的股票也为数不多。可以这样讲，在牛市中，所有的价值洼地早晚都会被资金填平，那么面对未来还值得高度期待的市场，你掌握投资策略了吗？如果还没有，希望本书能为你答疑解惑，帮助你在未来获利。

喜欢短线操作的朋友可以重点阅读本书的第2章和第3章。作为动能交易的首选，MACD指标已经被"混沌交易法"的创始人比尔·威廉姆和帝纳波利点位交易法的创始人乔尔·帝纳波利等众多投资交易大师当作他们的首选指标，相信在阅读并理解本书内容后，只要你有足够多的时间盯盘，就一定能够在短线交易机会出现的那一瞬间发现它们，从而享受短线飙股的乐趣。

本书的第4章为争当趋势的先知先觉者的朋友提供了重要的指导。当股票价格还处在混沌之际，当人们还在为顶底是否成立而争辩之时，MACD指标中DIF线的变化无疑为你未来的趋势交易点亮了一盏明灯。在市场顶底的关键时刻，其独有的领先市场的趋势研判功能会帮助你在众人皆醉的时刻保持清醒，从而为你即将开始的趋势交易之旅提供帮助。

一买一卖构成交易，看似简单，其实蕴涵着无穷道理。你买的时机是否正确，为你提示交易机会的信号究竟是真是假，这些你在交易时都想过吗？如果你错过了市场的第一机会，是否想搭上牛市行情的最后一班车？如果这些问题是你心中所想，那么本书的第5章和第7章你可千万别错过。因为这两章的内容能够解答你的困惑，并告诉你大部分人不知道的另类买卖点。如果你对书中内容理解透彻，即使你是个朝九晚五的上班族，无法看到即时行情，也不会错过专属于你的交易机会。

投资中最可惜的不是你找不到牛股，而是在找到后中途放弃。你可能会怨恨主力的狡猾，痛恨自己的一念之差，其实先贤老子在《道德经》中已经明确地告诉了我们，制胜之道在于"以正和，以奇胜"，无数的案例也在不断地诠释这一规律。本书的第 6 章就详细地剖析了主力欲擒故纵的伎俩。若你在深刻领悟这一点后，还能反其道而行之，那么主力的陷阱恰恰是送给你的馅饼。

大资金追求的已经不是短线的波动，而是稳健的获利，本书的第 8 章恰好可以满足大资金玩家的需求。"大道至简"，在季线图的时间周期之下，趋势已然确定并一览无余，再辅之以精确的日线图或周线图，操作大资金的朋友当可从容谋定而后动，以较小风险获取大波段的绝对收益。若踏准市场热点，则可轻松实现收益，从而实现你的财富人生。

本书由李洪宇组织编写，同时参与编写的还有黄维、金宝花、李阳、程斌、胡亚丽、焦帅伟、马新原、能永霞、王雅琼、于健、周洋、谢国瑞、朱珊珊、李亚杰、王小龙、张彦梅、李楠、黄丹华、夏军芳、武浩然、武晓兰、张宇微、毛春艳、张敏敏、吕梦琪，在此一并表示感谢！

愿本书能成为你投资路上的一位益友，与你时时相伴，如此，心愿足矣。

目 录

第 1 章
技术分析是适合散户的利器　1

- 1.1　技术分析成立的三大基石　2
  - 1.1.1　市场行为包容一切　2
  - 1.1.2　价格以趋势方式演变　4
  - 1.1.3　历史会重演　6
- 1.2　技术分析与基础分析　7
  - 1.2.1　主要研究对象　7
  - 1.2.2　分析者　8
- 1.3　技术分析的特点　10
  - 1.3.1　提供良好的买卖时机　10
  - 1.3.2　具有灵活性和适应性　12
  - 1.3.3　适用于各种交易媒介　14
  - 1.3.4　适用于各种时间跨度　15
- 1.4　股票市场和期货市场技术分析的简要比较　17
  - 1.4.1　标价方式　18
  - 1.4.2　具有一定的有效期限　19
  - 1.4.3　较低的保证金水平　20
  - 1.4.4　缩短的时间周期　21

    1.4.5　时机最重要　22

    1.4.6　指数功能弱化　22

    1.4.7　期货市场不用广泛性技术信号　23

    1.4.8　技术工具不同　23

    1.4.9　资金动向受到股市追捧　23

1.5　技术分析的反面意见　24

    1.5.1　随机行走理论　24

    1.5.2　自我应验预言　27

    1.5.3　根据过去能否预测未来　29

1.6　结论　30

第 2 章
短线关注的起点——第一根红柱　32

2.1　模式要点和原理　34

    2.1.1　趋势原则　34

    2.1.2　匹配原则　35

    2.1.3　量能原则　36

    2.1.4　模式原理　37

2.2　上升趋势下的买卖操作　38

    2.2.1　关注点　38

    2.2.2　上升趋势下的买点　39

    2.2.3　上升趋势下的卖点　41

2.3　下降趋势下的买卖操作　44

    2.3.1　下降趋势下的买点（转点交易）　45

    2.3.2　下降趋势下的卖点　48

2.4　实例分析　52

    2.4.1　止损设置　52

    2.4.2　实例　53

第 3 章
被人忽视的短线机会——横盘整理　59

- 3.1 模式条件和原理　61
  - 3.1.1 适用条件　61
  - 3.1.2 时间原则　62
  - 3.1.3 对应原则　62
  - 3.1.4 模式原理　64
- 3.2 模式要点　65
  - 3.2.1 K 线标准　65
  - 3.2.2 突破点　67
  - 3.2.3 量的缩放　69
- 3.3 买卖环节　72
  - 3.3.1 买点　72
  - 3.3.2 卖点　76
- 3.4 实例分析　80
  - 3.4.1 止损设置　81
  - 3.4.2 实例　82

第 4 章
趋势的先行者——指标的 DIF 线　90

- 4.1 DIF 线的功能　91
  - 4.1.1 均线　91
  - 4.1.2 MACD 指标　94
  - 4.1.3 DIF 线　96
- 4.2 趋势线的高低点　101
  - 4.2.1 高低点的作用　101
  - 4.2.2 高低点的作用原理　105
  - 4.2.3 指标的高低点　106

4.3 DIF 线的功能延伸　110
　　4.3.1　指标的形态　110
　　4.3.2　DIF 线的两种结果　114

4.4 DIF 线的操作　115
　　4.4.1　趋势的自我强化　115
　　4.4.2　趋势的自我深化　119

4.5 实例分析　123
　　4.5.1　止损设置　124
　　4.5.2　实例　125

第 5 章
另类的买卖信号——DIF 线的再次平滑　131

5.1 均线　132
　　5.1.1　均线理论　132
　　5.1.2　均线特点　133
　　5.1.3　均线法则　138

5.2 再次平滑　140
　　5.2.1　指标源码　140
　　5.2.2　平滑效果　143
　　5.2.3　参数选择　145

5.3 平滑操作　146
　　5.3.1　34 日均线　146
　　5.3.2　60 日均线　150
　　5.3.3　250 日均线　153

5.4 实例分析　157
　　5.4.1　止损设置　157
　　5.4.2　实例　157

第 6 章
主力欲擒故纵的经典形态——风洞　161

- 6.1 风洞出现的基础和原理　163
  - 6.1.1 反向操作出现的基础　163
  - 6.1.2 风洞形态的原理　166
- 6.2 风洞的种类　168
  - 6.2.1 风洞的时间确认　168
  - 6.2.2 风洞的种类划分　170
- 6.3 多头风洞的操作　173
  - 6.3.1 零轴上的多头风洞　173
  - 6.3.2 零轴附近的多头风洞　175
  - 6.3.3 零轴下的多头风洞　176
- 6.4 空头风洞的操作　178
  - 6.4.1 零轴上的空头风洞　178
  - 6.4.2 零轴附近的空头风洞　180
  - 6.4.3 零轴下方的空头风洞　182
- 6.5 实例分析　184
  - 6.5.1 止损设置　184
  - 6.5.2 实例　185

第 7 章
买卖信号真伪的辨识者——指标的背离　189

- 7.1 背离　190
  - 7.1.1 短线背离　190
  - 7.1.2 底背离误区　193
  - 7.1.3 顶背离误区　194
- 7.2 趋势线　198
  - 7.2.1 上升趋势线的正确绘制方法　198

7.2.2 下降趋势线的正确绘制方法 202

7.3 趋势线结合底背离 204
    7.3.1 操作要点 204
    7.3.2 实例讲解 205

7.4 趋势线结合顶背离 208
    7.4.1 操作要点 208
    7.4.2 实例讲解 210

7.5 实例分析 213
    7.5.1 止损设置 213
    7.5.2 实例 213

第8章
寻找翻倍股的绝技——双时间周期 218

8.1 不一样的时间周期 219
    8.1.1 常规看盘周期的弊端 219
    8.1.2 超大时间周期 222
    8.1.3 重要时间因子 225

8.2 季线图使用的工具 226
    8.2.1 MACD 指标 226
    8.2.2 趋势线 228
    8.2.3 除权图 228

8.3 季线图的操作 228
    8.3.1 季线图的买点 229
    8.3.2 季线图的卖点 233
    8.3.3 双图合璧 235

8.4 实例分析 245
    8.4.1 止损设置 245
    8.4.2 实例 245

第 1 章 技术分析是适合散户的利器

　　这是一本专门介绍 MACD 指标使用技巧的书，严格来讲，这也是一本介绍股票市场技术分析的书，因为技术指标归属指标学，不过是技术分析体系当中的一个分支而已。技术分析包括的范围很广，按照类别划分，全世界金融交易市场通用的技术分析大概可以分为九大类，除了我们刚刚提到的指标学，还有形态学、波浪学、均线学、切线学等。

何为技术分析？首先，我们给出这样的定义：技术分析是以预测市场价格变化的未来趋势为目的、以图表为主要手段对市场行为进行的研究。由于本书是研究股票市场的，因此这里的"市场行为"有两个方面的含义——价格和成交量，这是分析者能够获得的最直接的信息来源。

1.1 技术分析成立的三大基石

技术分析之所以成立，或者说人们之所以相信并愿意进行技术分析，是因为技术分析有以下三个前提条件。

（1）市场行为包容一切。

（2）价格以趋势方式演变。

（3）历史会重演。

1.1.1 市场行为包容一切

在讨论这个话题之前，我们假设你已经完全理解并且接受了这个基本假定，否则下面的讨论将毫无意义。"市场行为包容一切"，这句话构成了技术分析的基础。在国内A股市场，有些技术分析者是从来不看年报、中报或软件上的F10的。究其原因，一方面是有的投资者缺乏必要的财务知识，以至于很难看懂这些资料；另一方面技术分析使用者也可能认为凡是能够影响某只股票的价格的因素，包括国家相关产业政策、行业前景、上市公司的基本面等，实际上都反映在这只股票的价格之中。由此推论，价格的变化才是我们应该研究的方向。这个结论乍听起来也许显得过于武断，但你若下功夫推敲一番，会发现很难找出理由反驳它。

这句话实质上说明了价格变化与供求关系之间的联系,如果需求大于供给,所谓"物以稀为贵",则必然导致价格上涨;如果供给大于需求,就必然导致价格下跌。要知道供求规律是所有经济的、基础的预测方法的出发点,用它来倒推,我们能够得出这样的结论:只要价格上涨,不论是因为什么,必然是需求超过供给,从经济基础上来说必定看好;只要价格下跌,必然是供给超过需求,从经济基础上来说必定看淡。上面这段话是技术分析吗?它更像是基本分析。

归根结底,技术分析者不过是通过价格这一间接的方式来研究经济基础和市场供求关系。大多数技术派人士当然也会完全同意,图表本身并不能导致商品价格的涨跌,而是根本的供求关系,即某种商品的经济基础决定了该商品在市场中价格的上涨或者下跌,图表只是简明地显示了当前市场上较乐观或较悲观的情绪与心态而已。

图 1-1 为通达信煤炭指数 2019 年 8 月—2021 年 11 月的月线图。在图中方框所指处,大概 750 点的位置,当时查处恶意炒作煤价的政策频出。我们从图上来看,市场似乎也有在此构筑"停止形态红三兵"的意图,但最后指数还是破位上涨,一直涨到了 1181 点。现在来看,当时政策的利空并没有抵消投资者已经过度乐观的市场预期,现货价格持续上涨,预期煤企利润二、三季报有非常高的确定性盈利,导致该指数持续上涨。这张图表在一定程度上是对"市场行为包容一切"这一信条的最好解释。

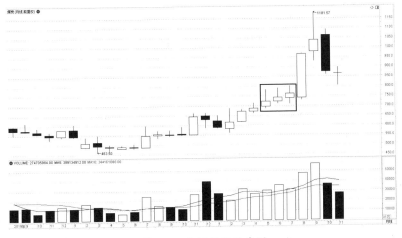

图 1-1　上证指数月线图

运用图表进行技术分析的人士通常不大理会造成价格涨跌的原因，他们只关注最后的结果。一方面是因为目前国内市场中大部分投资者都是持小资金的个人投资者，他们追求的不是某家公司的长远发展为其带来的价值回报，而是价格在市场变化过程中产生的价差利润。虽然近几年机构投资者在政策的引导和扶持下也在不断发展壮大，但对投机氛围的改变并没有产生实质性的影响。另一方面是因为在价格趋势形成的早期或者市场正处在关键转折点的某些时候，有些技术分析者确实常常能够独辟蹊径、一语中的。这种现象若再有报刊、电视等媒体的宣传，便产生放大效应。

其实不止机构，个人投资者随着自身市场投资经验的日益丰富，遇上这种情况的次数也会越来越多。越是在没有人能确切了解市场为什么有如此这般古怪动作的时刻，"市场行为包容一切"的信条就越发显出其不可抗拒的魅力。若再加上事后恍然大悟，更使得普通投资人崇信技术分析，这恐怕也是技术分析在 A 股市场能够大行其道的原因所在。

1.1.2 价格以趋势方式演变

还是那句话，除非你也能接受"价格以趋势方式演变"这一假定前提，否则再读下去也没有意义。研究价格图表的最终目的就是要在一个趋势发生、发展的早期及时准确地把它揭示出来，从而达到顺着趋势进行交易的目的。从这一角度来说，"趋势"概念是技术分析的核心。事实上，市场上大部分投资者，包括部分专业机构，其标榜的投资理念也是以判定和追随既成趋势为目的而进行趋势投资。读完本书，你也会发现本书绝大部分内容中使用的技巧也是建立在顺应趋势的基础上的。所有的技术分析手段好像都不提倡在下降趋势状态下进行操作（能做空的例外），这也印证了国外资本市场的那句谚语——绝不要去接天上掉下来的飞刀。古人也说，覆巢之下，焉有完卵？其实意思是一样的，对于市场来说就是在下跌趋势中做多，没有谁能够全身而退。

从"价格以趋势方式演变"这一论点可以自然而然地推断出，对于一个既成的趋势来说，下一步常常沿着现存的趋势继续演变的可能性较大，而掉头反向发展的可能性要小得多。也可以换种说法，当前趋势将一直持续到掉头反向为止。简而言之，坚定不移地顺应一个既成趋势，直至有反向的征兆为止，这就是趋势顺应理论的源头。

如图 1-2 所示，方框中的部分是创业板指 2021 年 2 月开启的一段大幅下跌过程。指数在短时间内下跌速度如此之快，下跌幅度如此之大，就算在较为成熟的国外股市，此种现象也非常罕见。我们从日线上来看，这段下跌将最近一个上涨波段底部跌破，也将短期上升趋势线跌破，技术上已经属于破位了。

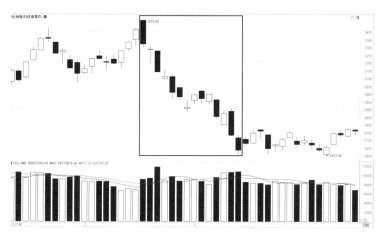

图 1-2　创业板指日线图

下面我们换一个时间周期，从周线图上观察当时的市场状况。

图 1-3 所示为创业板指 2018 年 11 月—2021 年 11 月的周线图。我们可以看到图中那一段来势汹汹的下跌走势，从整体上看，其实并没有跌破长期的上升趋势线，不过是一段上涨趋势中的回调而已。在获得强力的支撑后，指数在后市经过一段时间的整理，居然又突破了平台阻力，继续向上拓展空间。

图 1-3　创业板指周线图

由此可见，趋势一旦形成，除非施以强大的外力干扰，否则它将按照自身固有的方向一直运行下去，这当然也是对牛顿惯性定律的应用。

1.1.3 历史会重演

20世纪20年代美国诞生了一位投资大师，他以准确预测见长，其中最著名的一次就是他预测棉花期权价格当天必收盘于1.2美元。市场后来果然如他所料，收盘价最终定格在1.2美元，这使得他声名大噪，从此之后，他的这套以数学为基础、突出时间因子重要性的投资分析方法广为人知，奠定了其在投资界的地位。他的理论最终也与道氏理论和波浪理论各擅胜场、鼎足而立，成为金融市场上的三大经典理论之一，直到今天我们仍然用他的理论来指导我们的操作，他就是威廉·德尔伯特·江恩。

投资家威廉·江恩说过，已发生的还将发生，已做的还将做，同一个太阳下没有新鲜事，历史会重现。

不知道读者看到这句话时作何感想，反正笔者是心潮起伏，也更加坚定了笔者坚持学习并运用技术分析的信念。现代研究也证明，技术分析和市场行为学与人类心理学间有着千丝万缕的联系，特定的图表其实是市场参与者共同的心理作用影响实际操作所营造出来的。比如价格形态，它们通过一些特定的价格图表形状表现出来，这些图形上的某些关键处的转折，比如支撑与压力其实恰恰反映了人们对某市场看好或看淡的心理。过去的100多年里，这些图形在西方金融市场广为人知，并被仔细地分门别类加以研究。根据"历史会重现"这一推论，既然它们在过去很管用，我们就不妨认为它们在未来同样有效，因为它们都是以人类心理为依据的，而关于人类心理，我们睿智的先人其实早就告诉了我们，那就是"江山易改，本性难移"。

"历史会重现"这句话就笔者个人的理解来说，包含两层意思：一是时间周期以循环往复的形式在图表上表现出来，它主要起提示作用，即当一个循环周期结束时，市场可能会面临重要的变盘节点；二是某只个股在具体的做盘过程中假如是同一个主力所为，那么该股的运行轨迹会表现出某种程度上的相似性。这是因为人的行为习惯与心理模式一旦定型，短时间内很难改变，这样一来，同一个操盘手在操盘同一只股票的过程中一定会不自觉地将个人的某种行为习惯投射在标的物上，反映在盘面上就会给人似曾相识的感觉。

1.2 技术分析与基础分析

技术分析与基础分析同属于市场分析，所谓"同气连枝"。在上面讨论"市场行为包容一切"这一命题时，其实已经简单谈到了二者相互渗透的地方，好比一场辩论赛中的一个命题非要拆分为正反两方一样。如果非要探个究竟，笔者认为技术分析与基础分析就好比事物的内外两面：一个是由表及里、抽丝剥茧、逐渐深入地探究市场的本源；一个是由内而外进行逻辑推演，通过总结归纳揭示市场的本质。

1.2.1 主要研究对象

技术分析主要研究市场行为，基础分析则集中考察导致价格涨落或持平的供求关系。基础分析者为了确定某商品的内在价值，需要考虑影响价格的所有相关因素。所谓内在价值就是根据供求关系确定的某商品的实际价值，它是基础分析理论的基本概念。如果某商品的内在价值低于其市场价格，称为价格偏高，就应该卖出这种商品；如果商品市场价格低于其内在价值，称为价格偏低，就应该买入这种商品。

两种分析方法都试图解决同样的问题，即预测价格变化的方向，只不过着眼点不同。技术分析者研究市场运动的后果，而基础分析者研究市场运动的前因。技术分析者理所当然地认为后果就是所需的全部资料，而理由、原因等无关紧要，基础分析者则非得刨根问底不可。

图1-4所示为中联重科月线图。除了图中两个方框标注的顶部和底部转折阶段外，技术分析者的信条就是基于"价格以趋势方式演变"这一前提的，并且这一趋势倾向于持续发展。

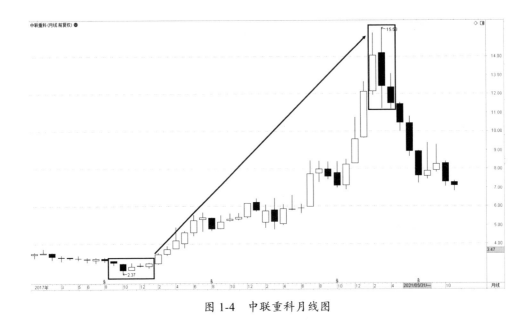

图 1-4　中联重科月线图

1.2.2　分析者

技术分析者与基础分析者就好比金庸笔下的"剑宗"与"气宗",彼此互不服气,但实际上他们中不少人是两者兼备。绝大部分基础分析者对图表分析的基本立场有一定的了解,同时,绝大部分技术分析者对经济基础也至少有个大致的印象(不过也有的技术分析者不遗余力地拒绝知道任何经济信息,人称"技术癖")。问题就在于在很多场合中,图表的预测和基础的分析会呈现出南辕北辙的倾向。当一场重要的市场运动初露端倪的时候,市场常常表现得颇为奇特,在基础方面找不到任何支持变化的理由。这种趋势萌生的关键时刻也恰恰是技术分析和基础分析分歧最大的时刻,等趋势发展一段时间之后,两者对市场的理解又协调起来,可这一时刻往往来得太迟,此时交易者已经无从下手了。

两种方法貌合神离,而市场价格的变化总要超前于哪怕是最新获得的经济情报,这是因为"股市是经济的晴雨表"。换言之,市场价格是经济基础的先行指标,也可以说是大众常识的超前指标。不管经济学家是否认可,中外股市的历史表现均证实了这样一个事实:股市领先于社会经济发展大概三个月到半年的时间。经济基础的新发展在被统计报告等资料揭示之前,实际上早已在市场上发生作用，并已经被市场消化吸收了。因此，当前的价格实际上是当前尚来不及为人所知的经济基础因素作用的结果。历史上的一些最为剧烈的牛市或熊市在开始的时候，几乎找不到证据证明经济基础已经发生了改变，等到好消息或坏消息纷纷出笼的时候，新趋势早已滚滚向前了。

技术分析者往往非常自信，当大众常识同市场变化"牛头不对马嘴"的时候，他们往往能够"众人皆醉我独醒"，领先一步，提早应对，做到应付自如。真正的技术高手往往是市场上的少数派，因为他们明白，价格变化背后的原因迟早会大白于天下，不过那肯定是"事后诸葛亮"，他们既不愿意也认为没必要苦等原因而丧失良机。

图 1-5 所示为王府井（600859）在 2020 年 3 月—2021 年 11 月的周线图。该股于 2020 年 2 月见到 11.05 元的底部后开始上涨，至 2020 年 6 月 30 日已上涨至 45.02 元。正当人们疑虑该股为何涨势如此凶猛时，2020 年 6 月 30 日王府井公布其获得免税店牌照的消息。至此人们恍然大悟，而 2020 年 7 月王府井上涨至最高 79.04 元。

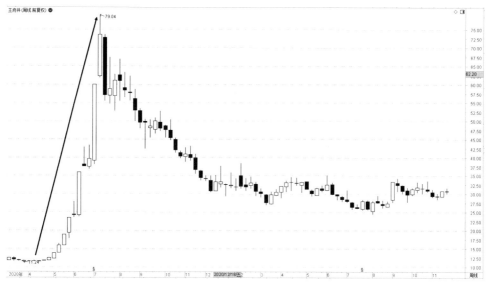

图 1-5 王府井周线图

通过上面的分析，不难理解为何技术分析者总觉得他们的一套操作技巧比基础分析者的要强。要是一个中小股民非得从二者之中挑一个，那么合乎逻辑的抉择必然是技术分析。从定义上来说，技术分析已经包含了基础性的因素，可以说技术分析抄了基础分析的近道，反过来却不然。如果经济基础已经反映在价格之中，那么再研究有关的基础性资料似乎就略显多余了，但与此相反，基础分析里却不包括价格的变化。如果说单纯利用技术分析从事商品交易还可以让人接受的话，要是某投资者毫不理会市场的技术特点，试图单单利用基础分析来做交易，那就实数不明智了。

1.3 技术分析的特点

我们知道了技术分析存在的三大基石，也了解了技术分析与基础分析之间的辩证关系，这些都坚定了我们学习并运用技术分析的信念，那么技术分析与基础分析相比，都有哪些特点呢？下面我们就来粗浅地谈一下这个话题。

1.3.1 提供良好的买卖时机

中国有句古话叫"来得早不如来得巧"，若是把这句话用到证券投资上，则说明了买卖时机其实才是决定交易成败的关键。股民对这句话或许还不能深刻地理解，但若你身边有从事期货交易的朋友，拿这句话去问他，相信你的朋友一定会大发感慨。这是因为期货市场采取的是保证金交易制度，运用的是杠杆交易，即把你的保证金放大使用。即使在把握大趋势上没有出现问题，但假如买卖时机不对，操作者仍有可能赔钱。这是由于期货交易所要求的保证金相对较少（指国外情况，国内门槛却相对较高），哪怕价格朝不利的方向变化得并不大，交易者也有可能因触及爆仓点而被交易所扫地出门，损失大部分乃至全部保证金。相对来说，股票市场，特别是国内A股市场的情况就略有不同，如果股价跌了，股民还可以先拿着股票等等看，说不定有涨回来的一天，甚至还可能赚钱。不少散户的操作策略其实就是由这种"先买进看看"的心理支撑着，盲目买进后由短线持有到中线投资，再到长线锁仓，价格由浅套发展到中套，直至最后深套其中，当初的投机转变成投资，股民也成了上市公司的股东。

一般而言，普通投资者的决策过程基本上分为前后两个阶段：第一个阶段是先分析市场，看这个市场的趋势如何，是否具备可操作性，从而决定能否进行操作；第二个阶段是选择具体的买卖时机。在市场预测阶段，技术分析或基础分析都可采用，但到了选择具体买卖时机的时候，就只能仰仗技术分析了。也就是说，只要准备进行一次交易，就得按部就班地完成这两个步骤，哪怕你在第一个阶段用的只是基础分析，在第二阶段也还是非得用技术分析不可。

图1-6所示为北京城乡（600861）在2021年1—10月的日线图。从图中我们可以看到，假如你在下降趋势线没有被突破前买入该股，等待你的不过是漫长的煎熬，即便能够赚钱，也不会很多。假如你是在价量齐升突破趋势线、指标金叉的那一刻买进，可谓时机绝好，你将享受到飙股的乐趣，短时间内即可获利丰厚，这就是时机起到的作用。

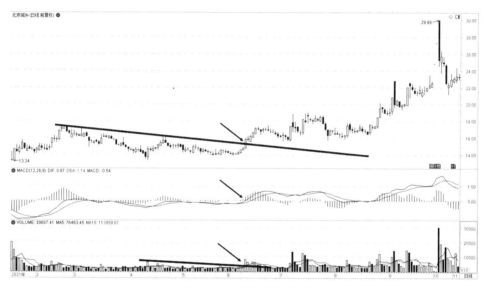

图1-6　北京城乡日线图

技术分析可以让投资者拥有这种精确打击的能力，基础分析者在这一点上只能望尘莫及。基础分析者所能做的就是根据手上的资料对投资标的物进行综合分析，并得出一个操作结论，如果这个结论认为该标的物当前已经被市场低估，当前的价格支持买进该标的物，那么基础分析者便会开始操作。至于买进后该标的物的价格什么时候会如他事前判断的那样开始上涨，那就是市场的事情了。

大资金或许可以这样做，等个一年半载，等待市场实现自我发现，产生自我修复的行情。但散户所持资金不多，若也这样做，估计没有几个人能受得了这种煎熬，从这点上来说，散户选择技术分析或许还是较为明智的。

1.3.2 具有灵活性和适应性

当前金融市场可供投资者投资的产品种类越来越多,虽然国内相对来讲投资渠道要少一些,但只要达到门槛要求,投资者也可以对股票、期货、外汇、现货、基金、债券和黄金等不同的金融产品进行投资。在这些不同的产品种类中,如果一名基础分析者想要做跨行业投资,其难度显而易见,因为不同的品种需要的基础资料不同,何况这当中还有期货这样的几乎属于纯技术分析领域的产品。这个时候,技术分析的优势便开始显现出来,也可以说这是技术分析的一个了不起的长处,那就是它适用于任何商品市场。不管你是做股票交易,还是做期货投资,或是做黄金交易,技术分析的手段在这些领域没有用不上的。

技术分析的优势就是基础分析的劣势,技术分析者可以随心所欲地同时跟踪许多种金融产品,而基础分析者往往顾此失彼,因为经济基础方面的资料实在是太繁杂了。因此,绝大多数基础分析者只好从一而终,专门研究某种或某类商品,比如股票或者金属大宗交易市场,这点差别我们绝不可忽视。

只要是受经济影响的商品市场,价格就会不停地变化,有时平平淡淡,有时高潮迭起,既有趋势明朗的情况,也有杂乱无章的阶段。这时候技术分析者就不妨集中精力和资源,专门对付趋势良好的市场,暂且不理会其他趋势不明者,这样就可以在市场上各种商品之间轮流操作、交替进出,把注意力和资金转移到当时表现最好的市场上去。不同的时段总有不同的商品表现抢眼,看上去趋势漂漂亮亮,行情火爆异常,而且往往潮涨潮落,此起彼伏,技术分析者可以大显身手、左右逢源。而基础分析者常常享受不到这种灵活性,即使他们试图模仿,也不得不付出许多额外的时间去把握新对象,缺少了技术分析者的那份潇洒。

技术分析者的另一个优势是"既见树木,又见森林"。他们能同时跟踪所有市场(只要有条件,也可以与国外市场进行交易),在总体上对商品市场有很好的把握,避免了从一而终所导致的管中窥豹、坐井观天的弊病。而且许多商品之间,如国际金属原材料大宗交易市场和国内有色金属板块,还存在着内在联系,对类似的经济因素也会做出相互关联的反应,因此二者在价格变化上可以互为线索、相互参照。

图1-7所示为动力煤期货2201合约价格在2021年8—10月的日线图。我们看到动力煤价格在不到三个月的时间里一直处在牛市行情当中,由最低时的750.6元上涨到1982元。

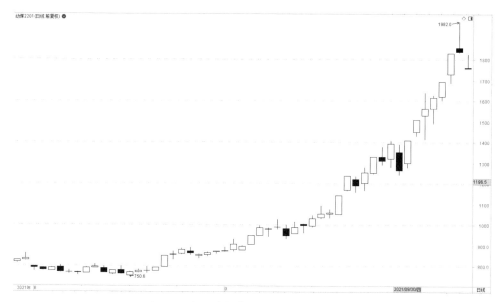

图 1-7 动力煤期货 2201 合约价格日线图

图 1-8 所示为冀中能源（000937）在 2021 年 7—9 月的日线图。我们看到在这期间该股牛性十足，从最低价 3.34 元一路走强，最高涨到 10.6 元。这当中该股自身股性活跃是一个因素，外在因素的影响也不容忽视。只要打开 K 线图，你就会发现，不单单这一只股票，整个煤炭板块的股票，如靖远煤电、山西焦煤、电投能源等都成了阶段性牛股。

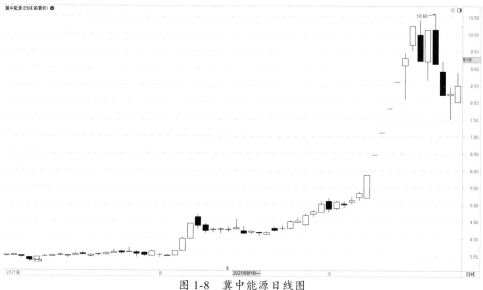

图 1-8 冀中能源日线图

1.3.3　适用于各种交易媒介

迄今为止，市场上绝大多数被人们广泛使用的技术分析理论其实都起源于道氏理论，都是对道氏理论的各种形式的发扬光大。可以这样讲，在查尔斯·H.道于1884年7月3日首创股票市场平均价格指数后，技术分析才应运而生，道氏是名副其实的技术分析的开山鼻祖。今天，查尔斯·H.道创造的技术分析已经被广泛地应用于各种商品市场，且随着计算机的普及，技术分析在各个市场间的界限正在飞速消失。技术分析的原则具有普遍性和通用性，它既可用于期货市场，也可用于股票市场，既可用于道琼斯指数、日经指数，也可用于国内A股市场的上证指数和深圳指数。

图1-9所示为宜华健康（000150）在2021年1—9月的日线图。我们看到股价在此期间经历了一个大幅上涨的过程，当价格来到高位开始做头，并最终跌破图中双头颈线位后，预示头部成立，上升趋势已然终结，后市将以下跌为主，并且空间巨大。

图1-9　宜华健康日线图

图1-10所示为常山北明（000158）的日线图。我们看到股价走出了一个变形的双头形态，颈线位置被有效跌破后，预示着头部成立，颈线也由之前的支撑变为阻力。图中跌破颈线后的反弹走势为针对颈线的回抽，在确认了头部后，

常山北明展开了凌厉的下跌走势。

图 1-10　常山北明日线图

通过两图的比较，我们可以知道，技术分析的原则在不同市场中的作用其实是一样的。在这个市场表现为头部，在另一个市场同样也预示着头部，这一点没有任何的差别。之所以如此，是因为市场参与者的心理都是一样的，对同样的事物当然会有同样的看法，从而会导致同样的结果。

1.3.4　适用于各种时间跨度

个体不同，每个投资者具体的投资策略也不尽相同。有的投资者时间充裕、精力充沛，有足够的时间和精力看盘并且性情冲动，他或许喜欢做短线甚至超短线，那么他选取的技术分析时间周期可能是 30 分钟或 60 分钟等相对较短的时间段。有的投资者白天忙于工作，不可能长时间关注盘面，或者他性情稳健，不愿冒险，那么相对来说做中线或者波段投资会更好一些，他选择的技术分析时间周期可能是日线，甚至是周线和月线。

无论做哪一种选择都没有关系，因为技术分析的另一个优点就是它能应用在不同的时间跨度之下。无论是研究一天以内的价格变化做日内交易，还是顺应趋势做中等时段的趋势交易，技术分析都可以满足你的要求，毕竟它们都采用相同的原理。目前较长期的技术预测往往被忽视，因此有人说技术分析只适合于较短时间段，这纯粹是无稽之谈。也有人会说基础分析适合做长期预测，而技术分析用于短线的时机选择更好。实践证明，技术分析使用周线图或月线图解决长期预测问题相比基础分析同样毫不逊色。

图 1-11 所示为许继电气（000400）在 2021 年 9—11 月的日线图。图中采用的是突破交易原则，在箭头标注的量价突破处开始进场交易。

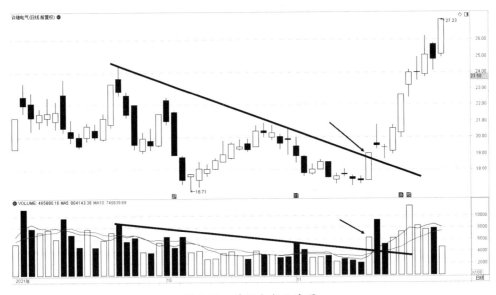

图 1-11　许继电气日线图

在实际交易过程中，你既可以如图 1-11 般采用日线时间周期做突破交易，也可以如图 1-12 般采用其他技术分析工具在较短时间周期图表上做其他类型的交易。

图 1-12 所示为许继电气（000400）在 2021 年 11 月 15—16 日期间的 30 分钟图。在这幅图里我们使用的工具是简单的移动平均线，均线参数是市场上最常用的 5，10，20 均线组，箭头所指的位置是均线金叉发出的买进信号。

从图 1-11 和图 1-12 可以看出，不管使用何种技术分析工具，不管采用什么周期的图表，因为原理相同，所以技术分析的作用都不会丧失。可以这样讲，只要你真正完全领会了技术分析的各种原理，你就能在各种交易工具中、在各种时间跨度上熟练地进行交易。

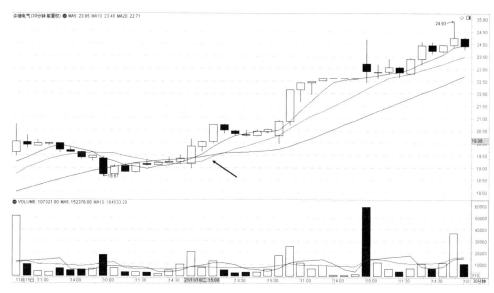

图 1-12　许继电气 30 分钟图

○ 1.4　股票市场和期货市场技术分析的简要比较

中国股市只能进行做多交易而不能进行做空交易。要想赚钱，只能先行买进，然后再卖给其他投资者赚取价差。在一个上升的趋势当中，这样的交易方式还看不出有何问题，因为牛市行情人气十足、买盘踊跃，人们对后市的判断往往偏于乐观。例如，在 2006—2007 年的大牛市中，散户们创造出"死了也不卖"的句子。但牛市不可能永远持续，买盘不可能永不枯竭，当所有的资金进场后，后续的行情靠什么力量来加以推动呢？于是趋势发生转向，牛市转熊，除了死多头以外，这时候人们疯狂逃命，唯恐避之不及。问题是，全市场都是要卖的股票，没有接盘的资金，卖给谁呢？没有办法，只有多杀多，少亏当赚。这种情况一旦发生，就是崩盘格局，例如 2008 年的熊市，基金到最后也是全行业亏损。

后来管理层认识到这种单边市的危害，加上机构和广大投资者的呼声，证监会在参考国外成熟股市做法的基础上，终于推出了股指期货。虽然 50 万元的资金门槛相对散户来讲有些偏高，但毕竟完善了市场机制，投资者可以进行做空交易，让市场回到了其应有的理性范围当中去。既然有了新的交易品种，我们就应该熟悉它。虽然现在我们还不能够交易股指期货，但假如有一天门槛降低，我们可以进行交易的时候，"临时抱佛脚"未免时之晚矣。

上面说到的是股指期货，其实在股指期货推出之前，有三个期货交易所为投资者提供期货交易的服务，只不过大家可能不太注意而已，它们分别是上海期货交易所、郑州期货交易所和大连期货交易所。三家期货交易所交易的品种各不相同，其中上海期货交易所主要以铜、锌、铝、黄金等金属类商品为主；郑州期货交易所主要以麦、棉等农产品为主；大连期货交易所稍显复杂，既有大豆等农产品，也有乙烯等化工产品。不管交易的是何品种，交易过程中所使用的技术分析都是一样的。

下面我们就技术分析在股票市场和期货市场上的用法做简单的比较。那么技术分析在股票市场和期货市场上的用法是不是一样呢？答案为既是也不是。

首先来说答案为是的原因。有过两种市场交易经验的人都知道或者说都能体会到，技术分析在两个市场上的基本原理是相同的，使用的基本工具也一样，比如均线、趋势线、价格形态、指标和K线等，只要在一个市场上学会了运用这些基本知识，就能轻车熟路地适应另一个市场。

下面我们解释一下为何又说答案为不是。股票市场和期货市场虽同属于商品市场，但毕竟设计原理不同，功能作用不同，因此在本质上二者还是有很大的区别。至于技术分析本身，在工具使用上没有什么分别，所谓的差别，就是由两个市场本身的先天特征造成的一般意义上的不同，具体表现在以下几个方面。

1.4.1 标价方式

商品期货的标价方式与股票相比要复杂得多。以中金所公布的沪深300股指期权合约交易规则为例，它是以沪深300指数点位为标价方式，为保证公平交易有持仓限制等措施，投资人要想进行交易，必须明了这个市场的具体情况、熟知交易规则，然后才可以参与其中。例如，某张合约的保证金为12%，按照中金所规则合约乘数为300，我们假设该合约首日结算价为2500点，若投资者想要交易该合约，则每张合约需要支付的保证金应该是2500×300×0.12=90000元。

1.4.2 具有一定的有效期限

商品期货合约都有失效日期，股票则不然。仍以沪深 300 股指期货为例，截至本书成稿时，股指期货市场有四种交易合约，分别为 IF1109 合约、IF1110 合约、IF1112 合约和 IF1203 合约，其意义就是这四种合约的到期时间分别为 2011 年 9 月、2011 年 10 月、2011 年 12 月和 2012 年 3 月。投资者要懂得在所持有的合约到期前将手中的合约进行平仓处理，否则会遭受损失。投资者必须事先清楚哪种值得买卖、哪种应避开（以免合约到期）。有效期限这一特点给长期价格预测增加了难度，因为每当旧合约期满撤销而新合约上市，总是需要重新开始进行交易，而且过期合约的旧图表用处不大，新图表连同各项新的技术参数都得重起炉灶。股票市场没有这种烦恼，以最早上市的深发展股票为例，当我们打开任何一款证券分析软件，都能看到该股的历史图表。不管你看还是不看，只要股市不关门，股票不退市，它们都会静静地待在那里。

图 1-13 所示为平安银行（000001）的年线图。作为最早上市的股票之一，它与中国股市同龄，相信未来它仍会与中国股市一起成长，见证中国股市未来的辉煌。

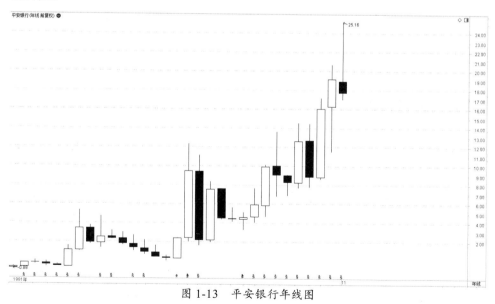

图 1-13　平安银行年线图

图 1-14 所示为沪深 300 股指期货 IF2112 合约截至 2021 年 11 月的日线全景

图。该合约从 2021 年 4 月 19 日开始上市交易，根据中金所交易规则及相关细则规定，该合约的最后交割日为合约到期月份的第三个周五，即 2021 年 12 月 17 日。

图 1-14　沪深 300 股指期货 IF2112 合约日线全景图

这份合约最终将完成它的历史使命，在交割日后离我们而去，尘封在历史的记忆中。

1.4.3　较低的保证金水平

期货市场是个高风险的市场，之所以说它风险高，就是因为它采取的是保证金制度下的杠杆交易。这一点类似于古希腊科学家阿基米德的梦想——"给我一个支点，我能撬起整个地球"。仍以股指期货为例，期指交易目前理论杠杆比率接近 6 倍，交易一手主力合约需要保证金 22 万元左右（以 15% 的保证金率计算），为防范浮亏可能造成的强行平仓风险，留存的结算准备金至少需要 25 万元，简单地说，就是你在市场上可以用 10 元钱买到 50 元钱的东西，这就是杠杆。而股票市场却是一分钱一分货。因此要说股票市场和期货市场的区别，恐怕要数这一区别最为明显。

所有的商品期货合约都以保证金方式交易，中金所在沪深 300 股指期权合约交易规则中将股指期货保证金的最低收取标准定为12%。正是因为较低的保证金水平导致了较高的杠杆效应，价格不管朝哪个方向变化，哪怕只有一点点，都会影响总的交易成绩。正因如此，在期货市场上总有创富神话和巨亏故事产生，因为投资者极有可能在很短的时间内赚到或者赔掉一大笔钱。既然交易者只拿出12%的押金就能做100%的交易，那么12%的价格变化就能让他本金翻倍，或者让他血本无归，而且这一过程需要的时间也不一定很长。

期货市场的杠杆效应放大了市场动作，使之看起来比实际上更反复无常。要是有人扬言自己在期货市场上被"洗劫一空"，或者用很少的资金赚到了大钱，请你不要感到奇怪，你只需记得他起先是拿12%博100%的就可以了，结果无非是博对了或者博错了而已。

从技术分析的角度来看，杠杆效应使选择出入市时机这一步骤在期货市场比在股票市场更为重要。正确地选择入市和出市的时机一方面是决定交易成败的关键，另一方面也是市场分析面对的一大课题。正因如此，以技术分析为中心的交易策略才成为期货交易成败的关键。

1.4.4　缩短的时间周期

在杠杆效应的作用下，期货投资者必须密切关注市场的一举一动，因此对时间周期的关心也必然细致入微。与此不同，股市分析者喜欢更长时间的图表，喜欢研究针对更长时间的问题，他们也许要预测的是3个月或半年后的市场。期货投资者想知道的则是下周、明天乃至下半天的形势如何，所以期货市场所提炼出的一些具有即时效用的工具，股市投资者或许很少用到。移动平均线便是很好的一个例子，国内A股市场在技术分析中用得最广泛的是30日或60日的平均线，而在期货市场，绝大多数移动平均线在30天以下，其中流行的移动平均线组合是4日、9日和18日。原因很简单，就拿上面提到的IF1112合约来说，从上市到最后的交割退市一共才有8个月的时间，以每个月22个交易日计算，整个合约周期不过170天左右，这样一来，较长周期的移动平均线根本不能发挥其作用。

此外，在图表周期的选择上，期货投资者更多地选择日内交易，60分钟图表已经算很长的周期了，大部分都在5分钟和15分钟之间进行选择。期货交易者很少持仓过夜，这是由于期货市场相比股市而言对消息的刺激反应更加剧烈，经常会出现反向的跳空缺口，因此持仓过夜存在巨大的风险。股市投资者则没有这种担忧，除了极少数偏好超短线操作的人之外，大部分都以日线或周线作为图表分析周期的首选，即便是短线操作，也以60分钟图表为主，兼顾日线与周线。

1.4.5 时机最重要

对期货投资者而言，时机决定一切。正确地判断出市场向哪个方向运行仅仅是答案的一小部分，不能决定胜负。决定胜负的关键在时机，哪怕入市时间相差一天，有时甚至仅相差几分钟，结果可能就会截然不同。我们常说"不以成败论英雄"，但期货市场恰恰就是以成败论英雄的地方。所谓看对不一定做对，弄错市场趋势而赔了钱固然糟糕，然而大方向没错却依然损兵折将才是期货交易最令人沮丧、失望的地方。基础性因素很少一天一变，这毋庸置疑，因此时机抉择实质上是技术性的问题。

由于期货市场可以进行卖空交易，因此在时机的把握上比股市要难得多，甚至有可能出现做多与做空都错的、两面挨耳光的现象，这在股市是难以想象的。

1.4.6 指数功能弱化

股票平均价格指数的变化是极为引人注目的，因为这是所有股市分析的起点。尽管国内股民一般都是通过操作个股来获取收益，但谈论股市时说得最多的还是大盘如何，可见股票指数在股民心中的地位是多么崇高。

期货市场一般并非如此，尽管沪深300指数代表了商品市场总体的价格方向，是股指期货炒作的对象，但在具体的交易过程中投资者还是以当期合约的交易为主，指数在其中起到的仅是分析参考作用。当然，我们不是说指数分析在期货市场中不重要，只是说相比股票市场，期货指数受关注的程度没有股票指数那样高而已。

1.4.7　期货市场不用广泛性技术信号

股市分析中有很多用于指数分析的广泛性技术指标，如腾落指标，它是采用上涨家数和下跌家数的差值来总体衡量大盘多空能量的指标。其他的还有量比、涨跌率等，它们在期货市场中很少有人问津。这倒不是因为有关它们的理论和实践不适合期货，而是迄今为止期货市场暂时还用不到它们。也许有一天在期货种类大为增加后，就有必要借助这些广泛性指标来判断市场的总体运动。

1.4.8　技术工具不同

大多数起源于股市分析的技术工具也适用于商品市场，不过用法不完全一样。举例来说，期货的图表形态往往不像股市那样走得那么完整，移动平均线在参数设置时取样天数也相对较小。另外，股指期货的成交量是当天之内买和卖成交量的总和，以双向计算。也就是说，我们看到的成交量一半是买，一半是卖，但买和卖都有可能开仓和平仓，这是与股票不同的地方。另外，在股指期货中还有一个"持仓量"的指标，它代表了市场中投资者参与同一个期货合约交易的兴趣，也可以说是行情未来涨或跌的信心指示，这是股市所没有的。

期货市场使用的技术分析工具好比股市技术分析工具的"袖珍版"或"简化版"，要么就是弃之不用，要么就是极大地缩短使用周期。若将股市技术分析工具比作一把剑，可以帮助投资者克敌制胜，那么期货市场使用的技术分析工具就好比一把匕首，虽可杀敌，却也凶险。

1.4.9　资金动向受到股市追捧

除了上面提到的几点不同，随着技术的不断进步，最近期货市场和股票市场的差异又有了新的动向，并且逐渐成为二者之间的最重要的区别。这个区别反映在股票市场上，就是资金的动向越来越受到人们的重视。股票类的电视节目里无不将资金流向作为判断后市方向进而买进卖出的重要依据，并且对资金的性质也细化得越来越详尽。如有的根据账户金额将资金分为主力资金、大户资金、中户资金和散户资金，用来跟踪机构、大户、散户等各个群体的表现。还有的以单笔买卖手数作为统计对象，划分出大单、小单和主动买入、主动卖出等，用来分析主力进出的动向。人们以往在对股市进行技术分析时，非常看重情绪指数。情绪指数是判断市场在总体上看好或看淡的极为重要的依据，其背后的原理便是"真理往往站在少数人一边"。而如今情绪指数的重要性逐渐被人们淡化，大有被资金动向取代的意味，这也是功利主义的表现。与其进行判断与分析，还不如直接知道主力在干什么来得简明、直接。

其实，就技术分析本身而言，基本趋势分析和传统技术指标的应用更为关键，即便是资金动向，也不过是起辅助作用，只不过股市投资者现在对它们的重视程度反而比对传统的市场分析还要高。从这点上来说，期货市场中的技术分析反而是更为纯粹的价格研究。

1.5 技术分析的反面意见

对于技术分析，质疑声不绝于耳，这或许会对运用技术分析的投资者造成一定程度的干扰，使他们心中对技术分析产生诸多疑问。对那些新股民而言，种种质疑也可能会打消他们准备运用技术分析的信心。其实这是很正常的现象，两利相权取其重，两害相权取其轻。没有任何事物可以尽善尽美，每一个事物都有它的两面性，就看你在使用过程中侧重于它的哪一面。好比手术刀，拿在医生手中是活命的工具，放在恶人的手中有可能是害人的凶器。

话虽如此，对于我们这些普通人来说，对技术分析的种种质疑难免会让我们耿耿于怀，如果能够答疑解惑，岂不是更好？那么我们就来细细梳理一下，看看质疑技术分析的言论具体都有哪些。

1.5.1 随机行走理论

随机行走理论最早出自麻省理工学院出版社 1964 年出版的《股票市场价格的随机行走特点》一书，作者是保罗·H.库特纳。

随机行走理论的核心观点是价格变化在顺序上互相独立，因而价格历史并不是判断未来价格方向的可靠线索。简而言之，价格变化是随机而不可预测的。

其作者保罗原本希望该理论能够被当时美国的高知识阶层接受并传播，根本不曾想到这个理论后来会借着书籍在全世界"行走"，进而发展到被全世界投资人士所知晓的地步，其本人也因此名噪一时。从此以后，赞成该理论和反对该理论的两派人士纷纷著书立说，论战不休。该理论根据有效市场假说，认为价格在内在价值上下随机波动，同时推论最好的市场策略就是简单的"买了等着"，反对"战胜市场"的企图。

应该说，所有市场的价格波动确实都具备一定的随机性，或者说"噪音"，但若因此认为所有的价格变化都是随机波动也并非正确。假设随机行走理论是完全正确的，那么基础分析者岂不是已经没有任何必要来研究各种资料和数据，建立在供求关系影响价格涨跌的基础上的推论岂不是站不住脚了？若果真如此，美国诞生不了巴菲特，巴菲特的那套寻找低估值企业买进的方法也毫无用武之地。若果真如此，饱受套牢之苦的中国股民要弹冠相庆了，因为他们看到了希望，解套将不再是遥不可及的梦想。

图1-15所示为四川长虹从上市到复权后的月线全景图，该股是1996—1998年间和2013—2015年间的一只大牛股。那时的股民，无不为长虹所倾倒，前仆后继，一往无前，甚至有"什么时候买入长虹都是对的，什么时候卖出长虹都是错的"这样荒谬的言论出现。

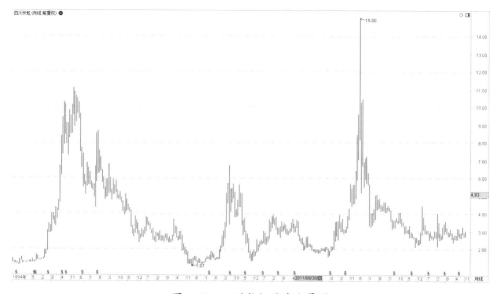

图1-15　四川长虹月线全景图

假设随机行走理论是正确的,你在高位买了四川长虹这只股票,请你继续坚定地持有该股票,因为根据随机行走理论,最好的市场策略就是简单的"买了等着",只不过笔者不知道你需要等待多长时间,或许需要像"愚公"那样,子子孙孙无穷尽地世代传承下去。

你还相信随机行走理论吗?说到底,随机行走理论其实只是无力辨识系统性价格变化形态的代名词,就好像我们听过的"掩耳盗铃"的故事一样,你把自己的耳朵堵上,听不到声音,可并不代表别人也听不到声音。

趋势是技术分析成立的关键,那么当市场趋势明朗时,趋势对一般的市场分析人员或实际交易人员到底有无价值呢?答案是肯定有的。要是你对这一点还存有疑虑,打开证券分析软件随便观察一只股票,就可以很直观地看到趋势确实客观存在。如果价格变化前后真的毫无关联,也就等于昨天或者上星期的事情在今天或明天全无痕迹,那么这些触目可见的趋势我们又该如何解释呢?当前各种基金层出不穷,动辄达到几十亿元、上百亿元的规模,管理这些资金的机构大部分采取顺应趋势的交易系统。实践证明,这些顺应趋势的交易系统在现实交易中大多战果辉煌,获利丰厚。试问信奉随机行走理论的人士,价格要真是互无关联的,价格变化既没有趋势,也无从预测,那么,这些机构又为什么会采用趋势交易这种技术手段呢?这些利润又是如何赚取的呢?

期货市场时机的选择是个很关键的问题,若按照随机行走理论采取"买了等着"的方法,一旦不幸赶上一波中级调整行情,需要再投入原始保证金数倍的资金才能避免爆仓的后果,可见随机行走理论是行不通的。即便是在股市,如四川长虹那样,你还想拿着这些头寸坐等吗?1997年的长虹涨到了66.18元(1998年之前的前复权),20多年过去了,截至2021年11月四川长虹的价格已不到3元,1998年的高点经前复权后变为10.09元,2015年的高点经前复权后变为15元,究竟还需要多长时间才能再次涨到15元呢?你或许会说:"那是熊市,我说的'买了等着'指的是牛市。"问题是你若不承认存在趋势,你又如何能知道牛市和熊市的分别呢?若承认了趋势,岂不是承认了技术分析的有效性吗?

统计学最终能否拿出证据肯定或彻底推翻随机行走理论尚不确定,不过随机行走理论在技术分析领域毫无市场这一点是千真万确的。如果市场果真随机行走,那么没有什么预测技术是我们可以依靠的。靠消息吗?技术分析告诉我们,重要的市场信息在其广为人知之前,早已为市场价格所包容消化,因为技术分析的前提之一便是"市场包容一切"。靠有效市场假说吗？随机行走理论依据的有效市场假说恰恰验证了技术分析的另一个前提，即"价格以趋势方式演变"。从这一点上来说，随机行走理论非但没有推翻技术分析，反而进一步验证了技术分析。

如果不能深刻理解价格的运行规则，价格的变化会显得杂乱无章。但就像一张心电图，在外行看来，就是一长串高低起伏的无序图画，可在一个训练有素的医生眼中，其中每个小波折都充满了意义，肯定不是随机而来。我们要承认一点，如果没有下功夫研究市场行为规律，市场上的任何动作对我们来说都是随机的，但这只能说明我们的技术分析还没有深入，随着我们不断地学习与进步，我们的读图技能会水涨船高，这种随机行走的错觉最终会消失，希望读者在逐步深入学习本书各章节内容的过程中，能亲身经历这种感受。

1.5.2　自我应验预言

在技术分析的质疑声浪中，有一个叫"自我应验预言"的观点也需要我们讨论一下。反对者总是强调，眼前的图表不过记录了市场价格的过往，但却不能以此推测未来趋势。"自我应验预言"论还有一个假设基础，就是图表形态完全出自市场投资者的主观判断，是"读图者的臆想"。

很显然，如果你不会读图，或者说你看不懂图，那么你当然不能从图表上看出任何有价值的东西。至于说反对者谈到的主观判断就更加不可取了，事实上，图表形态很客观，而图表的研读更是门艺术（或者说是"技巧"更恰当）。图表形态几乎从来没有清楚得能让有经验的投资者意见一致的时候，相反，疑虑重重、困惑不解或者见仁见智才是家常便饭。正如本书将要说明的那样，技术分析有许多种选择，各种选择之间经常合不上榫。

即便大多数投资者面对同样的图形能得出同样的结论，他们也不一定能做出同样的操作行为，进而使图表形态自动应验。有些投资者也许预计到图表信号将会出现，因此"先下手为强"；有些投资者也许要等到图形或指标突破后在市场回撤时才会稳妥下手。有些投资者大胆积极，有些投资者谨慎保守。有些投资者在入市时就同时发出止损指令，有些投资者则要留下预定水平指令或限价交易指令做交易。因此，所有人在同一时刻以同一方式入市的可能性微乎其微。

图 1-16 所示为上柴股份（600841）在 2021 年 3—11 月的日线图。股价运

行过程中如图中箭头所示产生了四处买点。这四处买点都符合趋势买点原则，只不过承担的风险与获得的收益不同罢了。由此可见，技术分析自我应验一说根本站不住脚，因为市场中根本不可能出现这种情况。

图 1-16　上柴股份日线图

退一步来说，即使"自我应验预言"果有其事，那么它天生也会"自我修正"。换句话说，如果大家都仰仗图表，产生了不谋而合的行为，从而让市场扭曲，那么一旦"自我应验预言"发生之后，大家一定会更改自身的交易策略。要知道市场是零和游戏，如果大家行动一致，那么获利就无从谈起，维持市场正常运转的成本又从何而来？因此，即使短时间内"自我应验预言"真的让市场出现了一些问题，市场本身也将自动地修正自己。

请记住，唯有供求规律才能决定牛市或熊市的发生、发展。投资者势单力薄，市场要是因为他们的买进或者卖出就能发生重大的变化，那么投资者早就发大财了。

或许有人担心，当前一些规模庞大的机构越来越多地借助计算机化的自动交易系统，置于它们职业化管理之下的资金急剧膨胀，动辄就是上亿元的买卖。最主要的是，这些机构设计的系统大都采用"因势利导"的趋势交易策略，辨识和顺应大趋势是系统的主要工作，其结果是资金高度集中在为数不多的趋势行情中"追势逐利"。若真是如此，这些系统恐怕短期内会对价格产生破坏性影响。

这种担心听起来有一定的道理，不过我们可以放心，假使高度集中的巨额资金采用技术性系统做的操作引发了一定的问题，这种偏差也注定为时短暂，不会引起重要的市场运动，因为机构若发现这样的问题，它们也会自我修正，可能会调整系统，使之更迟钝或更灵敏。

我们一般把"自我应验预言"论看成是对技术分析的反对意见，通过上述解释我们可以知道，"自我应验预言"论非但不是反对意见，反而说它是对技术分析的赞誉或许更为恰当。要是有哪种预测技术如此广受欢迎，以至于能够影响市场，那这种技术一定要出类拔萃才行。不妨想想，为什么提起基础分析时，很少有人顾虑它也会出现"自我应验预言"的问题？

1.5.3　根据过去能否预测未来

图表都是一天天更新的，面对还未曾交易的明天，真的能用过去的价格资料有效地预测未来趋势吗？这是质疑技术分析的人提出的另一个问题。这样的问题让笔者感到很奇怪，气象预报也同价格预测性质一样，经常会发生说要下雨反而晴天的错误预报，为什么大家每天还在关注天气资讯呢？为什么没有人质疑它们呢？

我们每个人都明白，任何一种预测方法，无论是气象预报还是基础分析，都是建立在对历史资料的研究之上的。除此之外，还有什么资料可供选择呢？

统计学理论被划分成描述统计学和推导统计学两部分。描述统计学是指用图表来表达资料数据，比如用一张标准的线图来展示价格历史。推导统计学是指从资料推导出概括的、预测的或推延性的结论。所以价格图表属于前者的范畴，而针对价格图表进行的技术分析则属于后者的范畴。

正如《现代商用统计学》一书中所讲的那样："商业或经济预测的第一个步骤就是搜集历史观测资料。"图表分析只是时间序列分析的一种形式，正如所有的时间序列分析一样，也是以历史为依据的。无论是谁，唯一能获得的资料或者数据只是过去的记录。只有把过去的经历投影到未来，我们才能预测未来。例如人口预测和工业预测在很大程度上是基于对过去发生的事情进行研究来得出结论；在商业和科学上，我们也都是依据过去的经验展望难以捉摸的未来的。综合来看，技术分析以过去的价格数据预测未来，有充分的统计学依据。要有

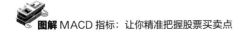

人执意怀疑技术分析在这个方面的立足点，那么他只好把所有以过去来研究未来的学问一并推翻，当然其中包括了所有的经济分析、基础分析。

是不是感觉又回到了从前？没错，说来说去只有一个意思——历史会重现。

1.6 结论

针对质疑技术分析的理论和观点，我们一一进行了驳斥。恰巧，将质疑言论驳倒的恰恰是技术分析成立的三个前提条件，不能不说这是技术分析的胜利，更是坚持学习技术分析并最终在这个复杂多变的市场坚持运用技术分析的散户朋友们的胜利。

当前全世界只有两个场合的预测准确率是可以用科学的分析手段加以综合研判并提高的，其一是气象预报，其二就是对证券市场行情发展趋势的把握和研判。我国著名的经济学家吴敬琏针对中国股市的种种弊端提出了"股市赌场论"的观点。暂且不论这个观点正确与否，即便我们的股市是赌场，若是有一定的分析手段作依靠，证券市场也是一个安全性很高的赌场。

在证券市场行情价格的趋势分析中，基础分析与技术分析二者之间的争论从来没有停息过。作为市场中的普通的投资者，我们除了年报、中报、季报以外，没有机会能够结识上市公司的董事长、总经理等高级主管，当然更不可能像证券界某些消息灵通人士一样有其他方面的可靠消息来源，我们唯一可以利用的，就是每天通过电脑看见的行情价格走势及其所形成的各类图表形态，以及对证券商品进行分析的其他途径。

证券市场上只有市场的运行结果才是永恒的，所以可以这样讲，市场永远是对的。因此我们要相信，一旦发生了分析判断的失误，并非基本面的财务状况恶化，也非政策面的利空因素打压，更非技术分析判断的疏漏，而是市场本身的运行规律还没有被我们有效地掌握和利用而已。面对纷繁复杂的市场运行情况，我们能够通过学习对图表进行去粗取精、去伪存真的综合研判，以使最终的结论能对自己的投资操作有所帮助，从这一点来说，技术分析应该就是普通投资者可以信赖的有效武器。

国内上市公司为了各种目的，造假层出不穷。远的如当年的银广夏，竟使得某些基金都上当受骗，高位接盘；近的如杭萧钢构，编造出了百亿订单的谎言。股市造假之所以屡禁不绝，是因为处罚成本相比造假收益来说根本微不足道。编造财务报告只要动动笔并疏通一些关节渠道，就可以一路绿灯，畅通无阻，即使最后东窗事发，对上市公司而言也不过是一纸道歉而已，而投资者的血汗钱却早已被虚假报表圈了进去。虽然股市当前还不至于像期货市场那样出现颗粒无收的情况，但若不小心踩上这样一颗"地雷"，大大地赔进一些本金恐怕也是不可避免的。散户在这种情况下想要"咸鱼翻身"，恐怕是难上加难了。

相比财务报告，市场主力要想在图表上造假，则需要先行投入一些真金白银作为诱饵。何况这还仅限于短周期的图表，要是长周期的图表，造假会更困难。能够造假成功也罢，倘若遇上的是身手敏捷的主儿，非但不上钩，反而将饵料吃净后溜之大吉，主力恐怕就有苦说不出了。若是主力自己手段不够，忙活了半天，回头一看无人跟随，到最后出不了货，只能自弹自唱，那更是欲哭无泪了。或许结局就是资金链断裂，自身生存都成了问题。

图表是最客观的事实，二级市场上证券交易的图形中也蕴含着大量的趋势信息，只要有足够的技术分析功底，我们还是有条件和机会去捕捉一些有价值的信息为己所用的。技术分析的第一个前提条件告诉我们，无论是基本面的因素还是消息面的因素都将被市场所包容消化。只要我们能从图线走势中把握市场运作规律的真谛，这些信息将无一例外地在市场行情走势中流露出蛛丝马迹。更为重要的是，技术分析并不排斥基础分析的结论，甚至包容基础分析的结论。基础分析可以确定投机品种的大致种类，而技术分析不但能使这一种类进一步明晰，从而展现其潜在价值，还能显现其入市操作的最佳时机。从某种意义上讲，在某一特定的时间段内，即使完全撇开了基础分析，仅从技术分析的角度也能选择出短线黑马来。

荀子说："不积跬步，无以至千里；不积小流，无以成江海。"学好技术分析的目的，不是想要在股市中无往而不胜，而是避免一些无谓的损失。在中国股市不断发展成熟，逐渐与国际市场接轨的前提下，技术分析不是没有用武之地，相反有着广阔的发展前景。

说到这里，我们可以得出以下结论：要想在这个市场长久地生存下去，散户朋友们的最佳选择就是学习技术分析。

第 2 章 短线关注的起点——第一根红柱

　　市场上一般把 MACD 指标当作趋势类指标。这是因为在 MACD 指标应用过程中大部分的使用规则或技巧是以 IDF 和 DEA 两根指标线的相互关系作为参考依据。由于指标线是依据均线原理构造而成的，而均线是趋势类指标，因此就把 MACD 指标当作了趋势类指标。假若我们使用技术手段，把指标上的两条指标线去掉，只保留指标当中的柱状体，那么它就会摇身一变，成为一个动能指标。

何为动能指标？动能指标是一个统称，它涵盖了许多衡量速度的指标。其中"动能"（momentum）一词是针对价格的变动速度而言的，主要衡量上升趋势是处于加速还是减速中，或者下降趋势是以较快的速度还是以较慢的速度下滑。我们这里使用的MACD指标是动能指标的一种，只不过它是动能指标当中最具代表性、使用频率最高的一个。

图 2-1 所示为 MACD 指标去掉两条指标线，只保留 MACD 柱状体的示意图。其中红绿相间的柱状体就代表股价上升与下降的动能，图中显示为零轴上方与下方的柱线图。在动能交易中，主要是利用柱状体的长短伸缩以及柱状体与股价之间的背离状况来预判股价未来走势的，从而为操作提供依据。

图 2-1　动能指标示意图

动能交易在短线交易当中具有很高的使用价值，值得我们认真研究和加以运用。话说回来，既然是应用在短线交易当中，出错的概率相对就会较大，要想能够成功地运用，还需要其他技术分析工具配合使用，如 K 线理论、趋势线理论等。本书主要讲解 MACD 指标的最新应用技巧，关于 K 线理论的相关知识，还请读者自行查阅相关资料进行学习。至于趋势线理论，后文中有专门的章节进行论述，这里不再赘述。下面我们就从几个方面分别对这种交易模式进行系统的阐述。

2.1 模式要点和原理

一提到操作，首先让人想到的便是买和卖，因为正是这两个环节的发生，我们才算进行了一次完整的操作。买和卖看起来简单，但背后涉及很多要素，最基本的一条原则就是我们在运用某一要素时，要知道它的适用条件，否则难免落入"淮南为橘，淮北为枳"的尴尬境地。因此在讲解买卖点之前，我们有必要先来了解这一交易模式的操作要点和背后的原理，这对我们正确使用该模式会有很大的帮助。

2.1.1 趋势原则

当前市场上大部分投资者，包括部分专业机构，进行的都是趋势交易，这是因为目前国内 A 股市场还不像国外市场那样可以进行做空交易。这种情况下要想赚钱，最稳妥的方法就是在大趋势向上的背景下做多，这样做多的安全性才可以得到最大限度的保障。因此这一交易模式的首要原则是当前股价的大趋势是总体向上的，这是使用交易模式最理想的态势。当然，在一个相对较大的整理区间内可以进行高抛低吸，通过滚动操作赚钱的部分短线高手可不受此模式的约束。

中国股市牛短熊长，大部分时间处在横向整理或下跌趋势中，所以部分散户更愿意进行抄底操作，认为这样可以达到收益的最大化。对于这部分朋友，笔者建议最好是在下降趋势被有效扭转，或至少短期下降趋势被有效扭转，价格发生转折进入上升趋势后，或者至少进入一个短期的上升趋势后再依照此模式进行操作，即进行转点操作。这部分交易要求 K 线在突破局部阻力的同时，也必须对下降趋势线进行突破。否则，由于整个趋势还处于下降态势，即便局部技术形态得到满足，但受制于整体趋势运动，最多只能算超跌反弹，很难取得良好的短线收益，一不小心就很容易被套住。

图 2-2 所示为新国都（300130）在 2021 年 5—11 月的日线图。我们看到，整个走势处在大的下降趋势，方框内的局部走势虽符合要求，但没有突破下降趋势线，因此依然为失败的交易模式区间。可以想象在这样的市场条件下进行操作，风险很大。

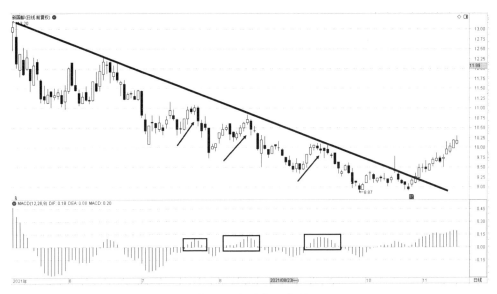

图 2-2　新国都日线图

2.1.2　匹配原则

指标的应用一定要与价格的变化相互匹配才能发挥最高的效率。红色柱状体一旦出现，在不考虑两条指标线的前提下，意味着短线动能交易已经开始。一般情况下，红色柱状体出现后要迅速放大，或至少维持同等的强度。价格在指标的支持和配合下，伴随着柱状图由绿变红，股价至少应该表现强势，这样才符合动能交易的要求。如果红色柱状体出现后，柱状体迟迟不能扩大，或短周期内红色柱状体又迅速缩短，加上价格的疲弱，则说明上涨的动能不足。这时最好不要操作，应等待下次机会的来临，否则有可能吃不到"馅饼"反而落入主力设下的"陷阱"。

图 2-3 所示为汉王科技（002362）在 2021 年 7—11 月的日线图。图中方框处为可以关注的地方。我们看到红色柱状体虽然出现但随后并没有放大，价格也没有发生明显的变化，这就是不匹配的结果。若在这两处地方进行交易，最后都将以失败告终。

图 2-3　汉王科技日线图

2.1.3　量能原则

对于股票市场，成交量在技术分析当中起到了很重要的作用，这一点有别于外汇市场或期货市场。一张没有附上成交量的曲线图表，与气象预报等类型的曲线图相对照，直观上没有任何的不同。具体买卖过程中，特别是确认买点的时候，成交量更是起到了至关重要的作用。因为成交量代表了市场上资金流动的情况，反映的是主力资金操作背后真实的意图。成交量虽然很重要，但相对于价格来说，毕竟还是个模糊的概念，不像价格的变动看起来那么清楚。实战中投资者单凭一根量是很难进行判断的，至少需要一段成交量才可以看出部分端倪，如果再能与之前的成交量做对比，就能大体判断出主力的意图。

2.1.4 模式原理

很多投资者在指标运用的过程中经常感到不能得心应手，究其原因是没有弄清楚指标背后的设计原理，以至于最后得出"指标无用"的结论。作为指标的细节应用，清楚模式的逻辑关系对投资者坚定信心、正确使用这种模式进行操作具有很重要的意义。下面我们就简单阐述一下红色柱状体出现与股价变化之间的联系。

MACD指标当中的两条指标线是依据均线原理构造的。其中快速指标线是计算12天的指数移动平均线（EMA）与26天的指数移动平均线的差值；慢速指标线是对快速指标线进行平滑计算，取9天作为计算的结果。两条指标线只要发生黄金交叉，反映两条指标线差值的红色柱状体便会出现，无论是零轴上还是零轴下都是如此。我们知道均线八大买卖信号之一，就是两条周期长度不同的均线发生黄金交叉，从而支持股价上行。既然如此，那么依据均线原理构造的MACD指标中的两条指标线就应该具有同等的功效，而红色柱状体的出现反映的恰恰是黄金交叉的那一点。假设第二天股价继续上行，或者整理几天后继续上行，那就预示着黄金交叉完全成立了，这样我们就有理由相信，股价在短周期内应该会有一个良好的表现。

图2-4所示为水晶光电（002273）在2021年1—7月的日线图。我们看到指标上两线金叉产生红色柱状体。再看主图上几乎同时产生的两条均线的金叉，从中可以体会到均线金叉对股价的助涨作用。

图2-4　水晶光电日线图

2.2 上升趋势下的买卖操作

在上升趋势里展开买进动作，因为有较大的安全边际做保障，交易成功的概率大大提高，因此临盘出现交易模式时要有勇气坚决买入。

2.2.1 关注点

由之前对本模式的说明我们知道，当 MACD 指标中的第一根红色柱状体出现后，我们便需要打起精神，开始密切关注价格。其中，第一根红色柱状体对应当天 K 线的最高价，便是本模式未来几天的关注点。操作中我们可以利用证券分析软件中的画图功能，在最高价处画一根横线来标注关注点。一旦随后或未来几天之内股票价格对此价位突破成功，并且成交量有效放大，预示本模式成立，短周期内股票价格有一定的上涨空间。

图 2-5 所示为上证指数在 2021 年 8—9 月的日线图，我们看到图中价格和成交量各有一条短横线，分别代表价格和量能的关注点。

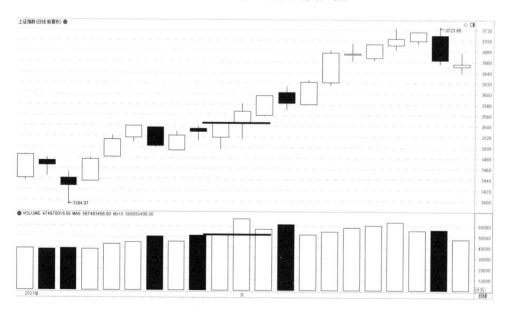

图 2-5　上证指数日线图

2.2.2 上升趋势下的买点

即便是上升趋势，中间也穿插着波段回调。由于 MACD 指标当中柱状体是交替出现的，因此在第一根红色柱状体出现前，前面应该是绿色柱状体，或者是已经衰落的、小的红色柱状体，反映在价格上就是短暂的回落，这就为我们逢低买进提供了机会。

上升趋势下的买点可分为以下两种情况。

买点一：立刻突破的买点模式。

在立刻突破的买点模式中，主力做盘干脆利落，毫不拖泥带水，显示出主力准备充分，有备而来。

图 2-6 所示为万里马（300591）在 2021 年 5—7 月的日线图。可以看到，图中股价总体处在上涨趋势，图中箭头所指处的上下两根短横线为出现第一根红色柱状体后对应价量的关注点。价格第二天便突破关注点，量能也有效放出，预示突破成功，这是典型的动能交易。

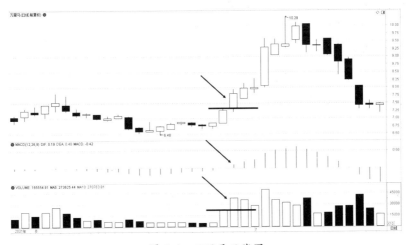

图 2-6　万里马日线图

我们再来看一个实例。图 2-7 所示为卫士通（002268）在 2021 年 7—9 月的日线图。我们看到该股总体运行走势处于上升趋势，在图中下方箭头所指处，MACD 指标出现了波段走势的第一根红色柱状体，我们在当天红柱对应的 K 线最高点和量能最高点分别画一根短横线，代表量价的关注点。在关注点后的第二天，股价便突破了关注点，成交量也温和放大，预示突破成功，动能交易开始。

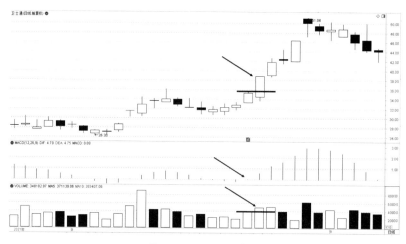

图 2-7　卫士通日线图

买点二：整理再突破的买点模式。

相比前一种买点模式，主力在此处的表现略显犹豫，或许是前面的回调幅度较深，当股价再次上行时，产生了一定的解套盘，使得主力放缓了操作节奏。

图 2-8 所示为科大讯飞（002230）在 2021 年 8—11 月的日线图。图中股价总体上处在上涨趋势。第一根红色柱状体出现后，我们画出关注点。随后很多天内价格并没有发生预期的上涨，而是小幅整理，量能持平甚至萎缩。直到 12 个交易日后，一根阳线突破盘局，并且量能大于整理时段的成交量，呈有效放出态势，预示突破成功。

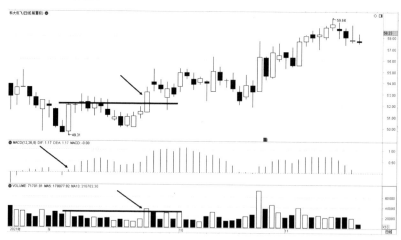

图 2-8　科大讯飞日线图

我们再来看一个实例。图 2-9 所示为深华发 A（000020）在 2021 年 3—7 月的日线图。我们看到在关注点出现前该股总体处在一个上升趋势，当 MACD 指标中的第一根红色柱状体出现时，我们画出价格的关注点。随后几天股价并没有按我们预想的那样上涨，而是进行了 3 天的横盘整理。此时，我们需要按照买点模式，将成交量的关注点转移到整理区间最大的量能上来。我们看到股价随后进行了突破，成交量也突破了整理区间最大的量能，此时突破有效，买点形成。

图 2-9　深华发 A 日线图

需要说明的是，动能交易属于短线交易的范畴，其本质就是价格随着动能的增加或减弱而快速起落。如果价格未能与不断增加或减弱的动能相协调，时间周期拉长，说明主力的着眼点不在于此，我们就要跟随主力的思路停止运作。这里需要注意，在第一根红色柱状体出现后，价格小幅整理的时间最好不要超过 5 个交易日，若超过 5 个交易日，本模式的成功率会降低，如在科大讯飞的案例中，虽然股价最终上涨，但整理的时间显得过长了。

2.2.3　上升趋势下的卖点

在讲解完本交易模式的买点后，下面我们共同探讨如何寻找本交易模式的卖点。对于有一定操作经验的股民来说，一般情况下对买点的把握相对容易一些，但对卖点的把握相对困难一点，这是因为最好的实战卖点其实都是在股价还处在相对强势的态势中时产生的。散户喜欢的就是上涨,怎么可能愿意在股价还涨的时候逢高离场呢?所以股市有句话说得好:"会买的是徒弟,会卖的是师傅。"可见在实际操作中寻找一个适当的卖点相比寻找买点更需要一定的技巧。

动能一旦产生,一般都有一个二次释放的过程,这好比古时战场交锋,重要的是"一鼓作气",否则将"再衰而竭"。在我们做动量交易时卖点的把握原则其实就是寻找动能"二次衰竭"的过程,即在成功地进行买进操作后,在进行卖空操作时我们将卖点放在动能与股价的顶背离上面。当然,运用这一卖点的前提是读者已经能够正确识别出顶背离。

上升趋势下的卖点分为以下两种情况。

卖点一:价格创出前期新高,而动能指标却呈现出前高后低的态势,与价格发生了背离。

图2-10所示为东旭蓝天(000040)在2021年6—11月的日线图,我们看到图中这期间该股总体处于上升趋势,价格一浪比一浪高,形成了创新高的走势。图中所示处股价还在创新高,我们看到指标上面红色柱状体却呈现出一顶比一顶低的格局,与价格呈现出明显的背离走势。这之后股价呈波段下跌走势,直到前期波段底部才止住颓势。

图2-10　东旭蓝天日线图

我们再来看一个实例。图2-11所示为皇庭国际(000056)在2021年6—9月的日线图。我们从图中可以看到,该股前期走势强劲,股价一路上涨,处于上升趋势。但在股价来到高位后,此种情况发生了变化,尽管股价创出新高,但指标却不再跟随,而是呈现走低的态势,与价格之间形成了顶背离,预示风险来临,股价随后出现了下跌。

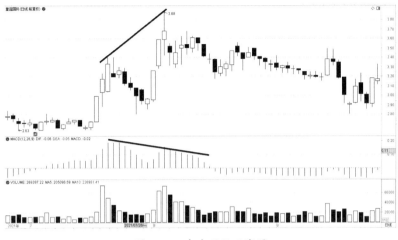

图 2-11　皇庭国际日线图

卖点二:股价受制于前期高点的压力,仅与前期高点价格基本持平便裹足不前,而动能指标呈现出前高后低的态势,与价格发生了背离。

图 2-12 所示为华锦股份(000059)在 2021 年 3—8 月的日线图。从图中我们看到,这期间该股总体处在上升趋势。图中有两个月左右的时间,股价创造的顶部价格基本持平,而动能指标却呈现出前高后低的态势,与价格发生了背离。在这之后股价开始回调,在获得支撑后才又开始上涨。

图 2-12　华锦股份日线图

图 2-13 所示为中兴通讯（000063）在 2021 年 4—7 月的日线图。我们看到，该股总体上处于上升趋势，股价的两个高点几乎持平，但此时指标呈现出明显降低的形态，说明指标的上升动能已经开始减弱，不能跟随价格的变化了。顶背离形成后，价格产生波段下跌。

图 2-13　中兴通讯日线图

通过上面几个实例我们看到，在动能指标与股票价格产生顶背离后股价都呈下跌走势，只不过在趋势向上的背景下，跌幅都不是很大，这就是我们要尽量选择在牛市状态下进行操作的原因。即便我们操作错误，市场也会给我们机会进行弥补。

2.3　下降趋势下的买卖操作

价格的运行模式共有三种，即上涨、横盘、下跌。从一个完整的循环周期来看，真正能够为我们的操作提供便利条件的上涨趋势在时间上往往比较短暂，大部分时间价格都处在横盘或者是下跌趋势。这就注定如果我们想在股市中有所作为，一定要掌握一种在下降趋势当中可以进行切实有效的操作的方法，通过积小胜为大胜，为随后而来的牛市行情重仓操作积累资金。

2.3.1　下降趋势下的买点（转点交易）

即便价格处在下降趋势，中间也会穿插着波段反弹，有时在跌得过深、过猛的情况下，甚至会诱发报复性的短线暴涨行情，波段涨幅可能达到30%以上。这样的行情对于大部分年收益率不到20%甚至亏损的散户而言，无疑具有极大的诱惑力。也正因如此，出现了抄底一族。应该说，抄底具有极大的危险性，若没有恰当的方法，很容易越抄越低，直至全军覆没。因此，在下降趋势里展开买进动作，安全性是第一位的，仓位绝不能过重，散户朋友习惯的满仓操作就更不可取了。希望本模式能为散户朋友提供适当的帮助。

在下降趋势中如何有效展开转点交易的操作呢？我们需要趋势线的帮助，即在买点模式形成时，股价要能够对下降趋势线进行有效的突破，从而使得我们的操作处在趋势扭转或者至少是短期扭转的状态当中，这样的市场环境有利于股价后续的上扬，使得我们在操作安全性上能够得到一定程度的保障，方便我们日后离场。

下降趋势下的买点分为以下两种情况。

买点一：相对强势的买点模式。

既然是下跌趋势，注定上方有层层阻力，波段空间不是很大。假使交易模式出现后，股价能立刻突破关注点并向上拉升，一方面说明主力有备而来，另一方面说明主力有可能被套其中，它在开展自救行情。不管是哪一种情况，股价的表现都相对强势。

图2-14所示为京华健康（000150）在2021年5—10月的日线图。我们看到价格处于下降趋势。需要注意的是，6月23日出现第一根红色柱状体后，第二天K线便突破关注点，同时完成了对下降趋势线的突破，量能也呈放大之势，形成转点交易。

我们再来看一个实例。图2-15所示为丰源药业（000153）在2020年12月—2021年4月的日线图。我们看到股价前期处于下降趋势，随着股价见底，一根阳线突破了下降趋势线，几个交易日后MACD指标出现了第一根红色柱状体，我们按照模式要求画出量价的关注点。我们在图中可以看到，第二天市场走势便突破了昨日量价的关注点，转点交易可以进行，尽管随后一段时间内股价略有反复，但最后主力还是向上拉升了。

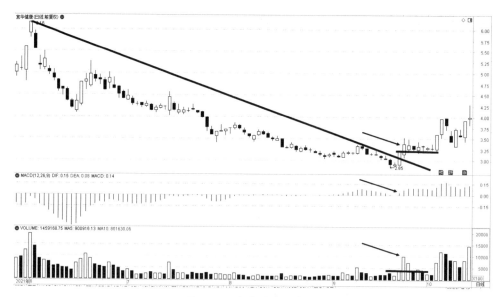

图 2-14 宜华健康日线图

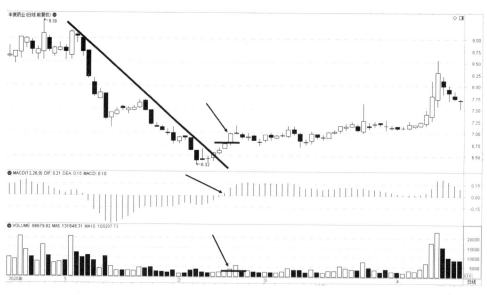

图 2-15 丰源药业日线图

买点二：相对弱势的买点模式。

与相对强势的买点模式相比，相对弱势的买点模式下的股价的连续横盘无疑说明主力比较心虚，主动向上的意愿不强。之所以后来突破关注点，走出买点模式，有可能是受大盘短期向上的影响，或者自身受到突发的利好因素刺激。

不管是哪一种情况，股价给人的总体感觉都相对弱势。

图 2-16 所示为华数传媒（000156）在 2021 年 6—9 月的日线图，价格处在下降趋势。我们观察红色柱状体出现后价格的关注点，随后一段时间内都没有发生预期的上涨，而是小幅整理，量能基本持平。直到 K 线飘出下跌趋势线后，在趋势线上出现一根阳线，成交量完成突破，形成了转点交易。

图 2-16　华数传媒日线图

图 2-17 所示为云鼎科技（000409）在 2021 年 7—9 月的日线图。此图有别于图 2-16，我们看到股价是先期对下降趋势线进行了突破，严格来说是飘过下降趋势线，这种力度不强的突破预示着后面的走势不会太强。在飘过下降趋势线两天后，一根极其微弱的红色柱状体出现，虽然力度很弱，但毕竟发出了关注的信号，我们还是在红色柱状体出现当天 K 线的最高价以及量能上画出短横线。在整理一天后，股价突破了关注点，量能也略有放大，随后缓缓运行的格局预示着后市的上涨不容过分乐观。

下降趋势中相对弱势的买点模式，其最长横盘时间与上升趋势中整理再突破的买点模式的横盘时间相同，均为 5 个交易日。

上面转点交易的案例以两种形态出现：一种是先产生了关注点，在对关注点突破的同时也突破了下降趋势线；另一种是先突破下降趋势线，随后产生了关注点，接着再突破。其实无论是哪一种形态都没有关系，不过是主力做盘的手法有所区别而已,但转点交易的精髓并没有改变,那就是一定要对下降趋势线进行突破。如果不能有效地突破下降趋势线,说明股价总体的运行格局依然处在下降趋势,那样的操作就好比空手去接天上的飞刀,结局只能是九死一生。所以说,转点交易模式能够产生的前提就是对下降趋势的突破。

图 2-17 云鼎科技日线图

不管是上升趋势还是下降趋势,只要关注点突破成功,激进的投资者在当天临收盘前都可以展开操作,而稳健的投资者也可以等待随后一根 K 线加以确认后再展开操作。

2.3.2 下降趋势下的卖点

下降趋势下的卖点与上升趋势的原理相同,只不过在使用过程中引入了一个辅助条件,就是一根短期的上升趋势线。在讲解买点的时候我们谈到,下降趋势下的买点,其实做的是转点交易。但价格刚刚突破下降趋势线的时候,其实还是处在一个非常不稳定的状态,上档的抛压和短期获利盘很容易将价格再次打低,形成市场的第二只脚,也即所谓的"双底",或者价格跌破前低,形成又一轮跌势。为了确保转点交易成功后到手的利润不被市场侵蚀,卖点的定义更为严格与精准,这也是引入短期上升趋势线的初衷。一旦形态成立,并且跌破短期上升趋势线，要立刻卖出，实现获利离场或者避免被套牢。

下降趋势下的卖点分为以下两种情况。

卖点一：价格创出前期新高，而动能指标呈现出前高后低的态势，与价格发生背离，随后跌破上升趋势线。

图 2-18 所示为民生控股（000416）在 2020 年 12 月—2021 年 7 月的日线图。对照软件我们可以看到该股之前处在下降趋势，价格在形成转点交易后形成两波上涨，其中第二个顶部价格比第一个顶部价格要高，但指标中红色柱状体却呈现出一顶比一顶低的格局，与价格呈现出明显的背离走势。在这之后股价又突破了短期上升趋势线，随后呈凌厉的波段下跌走势。

图 2-18　民生控股日线图

我们再来看一个实例。图 2-19 所示为京粮控股（000505）在 2021 年 4—11 月的日线图。我们看到该股前期处于下降趋势，在形成转点交易后股价经过两波上涨来到了高位，随后价格与指标之间呈现出顶背离的态势，并且在后面又突破了上升趋势线，开始了波段下跌。

卖点二：股价受制于前期高点的压力，仅与前期高点价格基本持平便裹足不前，而动能指标呈现出前高后低的态势，与价格发生背离，随后跌破上升趋势线。

图 2-19　京粮控股日线图

图 2-20 所示为穗恒运 A（000531）在 2021 年 3—8 月的日线图。我们看到，原始趋势是一个下跌走势，其中近两个月中的反弹顶部价格基本持平，而动能指标呈现出前高后低的态势，与价格发生了背离。在这之后股价又突破了短期上升趋势线，随后呈凌厉的下跌走势。

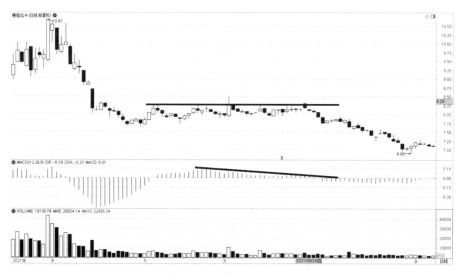

图 2-20　穗恒运 A 日线图

图 2-21 所示为哈工智能（000584）在 2021 年 4—11 月的日线图。我们看

到该股前期走势一直处在下降趋势，在形成转点交易后股价进行了两波拉升，在图中横线的区域，股价的两个高点基本持平，形成平顶态势，而指标动能却开始减弱，与价格之间形成了顶背离。随后股价又以跳空的形式跌破上升趋势线，开始出现波段杀跌走势。

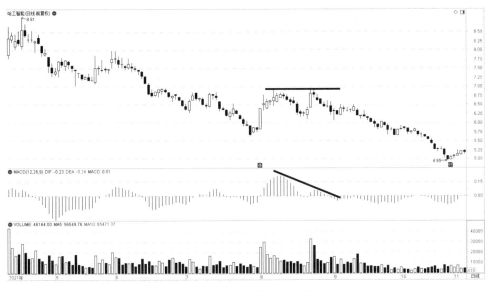

图 2-21　哈工智能日线图

由上述两个实例我们可以清楚地看到，无论是指数还是个股，在下跌趋势当中进行操作都具有极大的风险。一旦破位，其后续的下跌空间远远大于上升趋势时下跌的空间。这也从另一个侧面告诫我们，要尽量减少抄底操作的次数，即便要参与，也要控制好仓位，尽量快进快出。若采取本模式抄底成功后出现卖点，一定要按照模式要求尽快退出，这时候纪律就是获利投资成功的保证。一旦稍有犹豫，不要说到手的利润，恐怕本金都要折损殆尽。

需要说明的是，在运用这一操作模式甄别卖点的时候，成交量不是重点考虑的因素，这一点与买点不同。买点必须充分考虑成交量是否与价格相匹配，才能决定是否展开买进的动作。在寻找卖点的时候，量的因素不是考虑的方向。由于股价自身的重力，其本身便存在一个向下的动能，一旦没有资金在其中运作，即便没有量，股票也会向下运行，这也是我们经常发现某只股票会无量空跌的原因所在。卖点考虑的因素只有两点：一是指标是否与价格产生了背离，二是价格自身是否出现了卖出信号。在操作中，K线一旦出现诸如吊首线、墓碑线、黄昏之星、三个乌鸦等经典卖出信号，要立刻清空手中的筹码，离场观望。下降趋势中上述两方面因素都形成后，若是价格再跌破短期上升趋势线，则是最后的卖出机会。

2.4 实例分析

本节我们将通过对两个实例的分析，将整章的内容串联起来，使读者形成一个直观的总体感受，希望能对读者全面了解这一操作模式有更大的帮助。但在进入实例分析前，我们还需要向读者说明一下止损问题。

2.4.1 止损设置

没有一种技术形态可以保证100%的准确率，因此我们在展开操作的同时，也要把止损提到议事日程上来，以确保我们预期的上涨没有发生时，资金账户不至于发生大幅减少，从而影响到今后的操作。至于止损位置的选择则因人而异，笔者使用的原则一般是以当天买进K线最低价作为动态止损位，资金最大亏损额度设置在3%。由于我们的止损位置设置偏低，因此当价格触及止损位置时，一是要以收盘价作为最终确认依据；二是在收盘价击穿止损位置后，假如阴线实体不大，再给市场一个确认的机会。很多情况下，特别是在牛市当中，经常发生这种当天击穿，第二天便收回的假摔现象。当然，这是笔者个人的意见，散户朋友也可以根据自身条件和喜好自由设置止损位置，不应过于拘泥。

图2-22所示为高新发展（000682）的局部日线走势图，我们在讲解下降趋势下的第一种买点时用到过它。我们就以这张图为例，介绍一下止损位置的设置。图中有两条短横线，大家看得很清楚，当MACD指标中的第一根红色柱状体出现时，价格产生了关注点，就是上方的短横线。接下来的价格突破在产生买进信号的同时，止损位置随即产生，就是图中下方的短横线，也就是突破K线当天的最低价。

第2章 | 短线关注的起点——第一根红柱

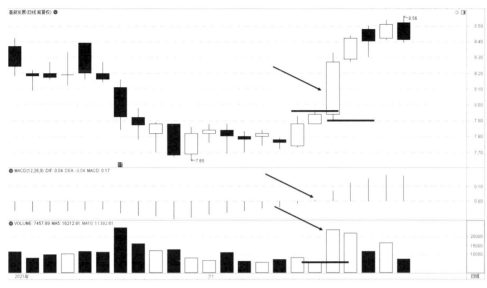

图 2-22 高新发展日线图

2.4.2 实例

下面通过两个实例详细介绍从买进到卖出的全过程，具体体会这一交易模式的操作技巧。为了更好地展示不同市场状态下的操作特点，一个实例选择的是下降趋势下的操作，另一个实例选择的是上升趋势下的操作。

案例一：新大陆的操作。

图 2-23 所示为新大陆（000997）在 2020 年 10 月—2021 年 1 月期间的日线图。该股呈现连续的下跌趋势。下跌过程中曾出现过两次如方框中所标示的红色柱状体，但指标价格不匹配，均不符合操作模式。这种状况一直持续到 MACD 柱线翻红为止。

图 2-24 所示为新大陆后续形成转点模式的股价运行日线图。一根光头阳线突破了关注点，同时突破了短期的下降趋势线，完成双重突破。此外，成交量相比前一日也呈倍量放大态势，指标上红色柱状线开始放大，操作模式出现。笔者的操作比较激进，在当天接近收盘时以 14.06 元的价格买进了三成仓位。

53

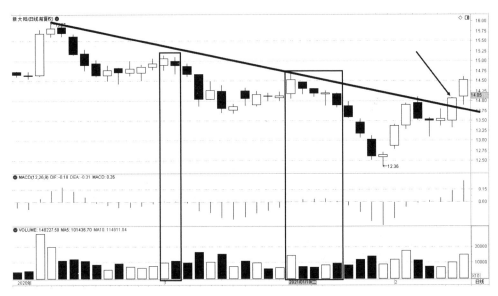

图 2-23　新大陆日线图

图 2-24　新大陆日线图

图 2-25 所示为买点当日的分时图。当天临收盘买进的同时将止损位置设置在 K 线最低价 13.32 元处。当天前半个小时出现一波明显的拉升，其他时间基

本在高位横盘，这两段走势虽然不是很流畅，但基本上能够确定这是对下降趋势线的有效突破，何况交易信号已经产生，因此笔者决定买入。

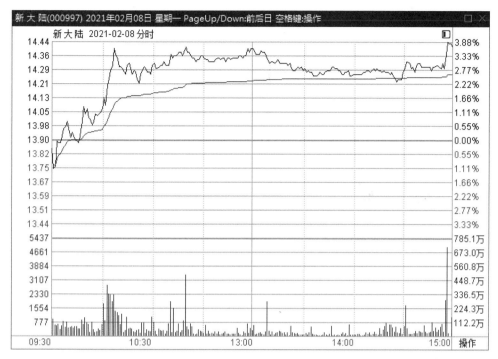

图 2-25　新大陆分时图

我们最后来看一下卖点的确认情况。

图 2-26 所示为新大陆最后的卖点确认图。价格在模式形成后随即如预想的开始上涨，但经过两波上涨后，MACD 柱线已经与指标形成了明显的背离。此时成交量也出现了隐忧，除了一根脉冲量外，未能跟随价格同步放大，预示买盘枯竭，加上价格来到左侧前期平台阻力区，K 线组合中十字星加上流星线，见顶意味很浓，因此在价格跌破短期上涨趋势线的时候全部清仓。

案例二：四创电子的操作。

这是一个在上升趋势下进行操作的例子，这样的操作相对来说要简单一些。

图 2-27 所示为四创电子（600990）在 2021 年 4—11 月的日线图。我们看到在一年的时间里，该股总体呈现出震荡盘升态势。在展开买进动作前，股价处在一个大型的颈线压力区。

图 2-26　新大陆卖点确认图

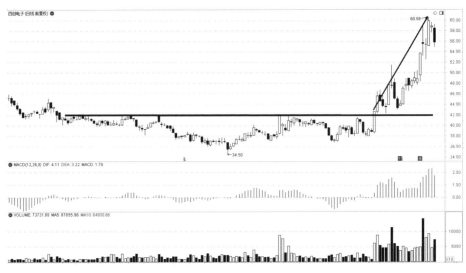

图 2-27　四创电子日线图

我们通过如图 2-28 所示的局部放大图看一下当时具体的买卖情况。主图中标示的位置的前一根涨幅达 10.01% 并且带量的大阳线突破了图 2-27 所示的大型颈线压力位，同日，MACD 指标出现第一根红色柱状体，关注点出现，我们在 K 线的最高价画一根短横线作为标示。随后股价突破关注点，成交量同时突破整理时的成交量，买点出现。

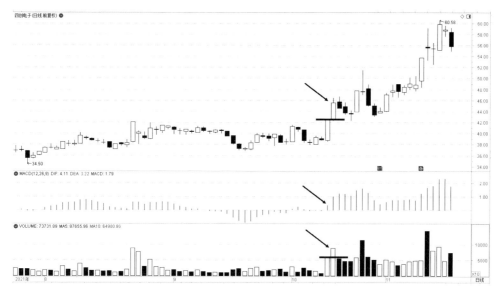

图2-28 四创电子局部放大图

我们再来看一下四创电子当天的分时图。图2-29所示为四创电子当天的分时走势。

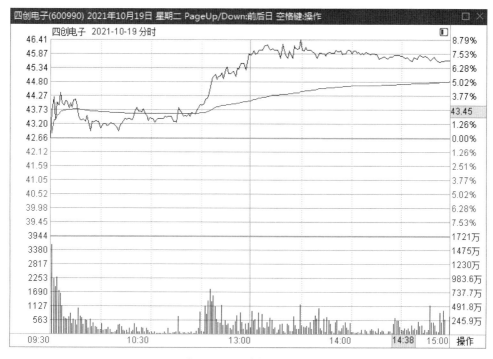

图2-29 四创电子分时图

最后我们来看一下卖点确认情况。图 2-30 所示为四创电子股价后续走势图。波段上涨后，股价后面连续创出新高，且同期的 MACD 柱线也一直追随着价格破高。截至本书写作完成时四创电子暂未出现卖点。

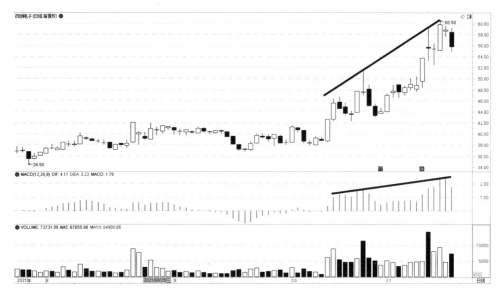

图 2-30　四创电子卖点图

第 3 章　被人忽视的短线机会——横盘整理

在第 2 章中我们提出了一个新的操作思路，即利用 MACD 指标中的红色柱状体结合单根 K 线做动能交易，用来获取短线收益。这一章我们仍延续这样的思路，还是利用 MACD 指标中的红色柱状体进行动能交易的操作，只不过关注的不是单根 K 线，而是股票价格运行过程中经常出现的横盘整理形态。

横盘整理随处可见，在上涨途中、下跌途中、顶部区域、底部区间等，都可以见到横盘整理这种的股价运行模式。但我们这里所说的横盘整理，仅仅针对上涨趋势中出现的、短周期的横盘整理。因为本章内容还是利用MACD指标中的红色柱状体做动能交易，因此涉及的整理形态有别于大家常见的诸如三角形整理、旗形整理等相对大型的整理形态，而是在几个交易日中形成的短周期的、小型的整理形态，或许我们叫它横盘蓄势更为准确。

下面我们就进入本章的内容——价格横盘整理加MACD红柱的交易模式。

图3-1所示为价格横盘整理加MACD红柱交易模式示例图。图中方框标示的部分是本交易模式用到的横盘整理，图的下半部分是MACD柱状线。

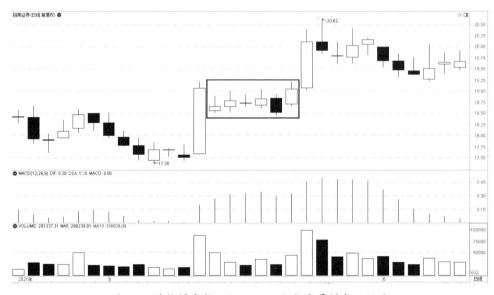

图3-1　价格横盘整理加MACD红柱交易模式示例图

像这种短周期整理形态，在股价上涨过程中随处可见，它是两个上涨小波段的中间环节，起到的是波段与波段之间的串联作用。这种形态看似不起眼，其实里面蕴含了丰富的交易机会。但现实是，习惯了追涨杀跌的散户朋友只愿意关注大阳线，对此种形态往往视而不见，以至于将市场提供的诸多机会白白浪费掉。这也印证了那句俗语——好的东西都是被人忽视的。笔者衷心希望广大散户朋友通过对本章的阅读，能够以另一种思路与眼光看待这种短周期整理形态，在真正理解本交易模式的基础上，提高短线精确打击能力。

3.1 模式条件和原理

任何一种技术分析手段都有它的适用条件，所谓"放之四海皆准"的东西迄今还未出现。在熟悉并掌握这种操作模式之前，我们有必要了解一下这一交易模式的适用条件和模式原理。

3.1.1 适用条件

本交易模式属于转点操作，最好是在下降趋势被有效扭转，或至少短期下降趋势线被有效扭转，价格发生转折进入上升趋势后，或者至少进入一个短期的上升趋势后才依照本模式进行操作。

看到这里，喜欢抄底的朋友可能会兴奋起来，觉得这是一个抄底技巧。这样理解未尝不可，但严格来说有失偏颇。在一个趋势向上的背景下做多，胜率可以提高，并且操作的安全性有所保障，因此本交易模式绝对适用于上升趋势。这里之所以只提出在下降趋势下进行转点操作，是因为在上涨趋势中买盘比较积极踊跃，造成技术条件不是很规范，对散户来说不易辨别。加之上升趋势中很多技术手段都有用武之地，不差我们这一种，所以才提出这一适用条件。假若散户朋友能够举一反三、融会贯通，可以发现牛市中这样的操作机会其实更多，这一点请读者务必牢记。

图 3-2 所示为文峰股份（601010）在 2021 年 8—9 月的日线图，从图中可以明显看到股价处于上涨趋势，图中方框标示处是一个横盘整理形态，但影线乱舞，略显凌乱。

牛市中这样的情形很多，此例其实还算工整。举此例只是为了说明 MACD

红色柱状体加上横盘整理模式同样适用于上涨趋势。

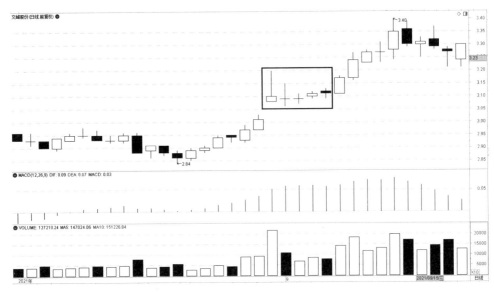

图 3-2　文峰股份日线图

3.1.2　时间原则

这一模式要求 K 线在进行横盘整理时，时间不能超过 5 个交易日。若超过 5 个交易日，本模式将不再有效。这是因为横盘整理的 K 线下方对应的是动能指标，在动能指标处在强势区，且向上的动能不断增或基本持平的情况下，主力没有理由超过一周的时间都不进行任何动作。若真是那样，所谓"该强不强，理应看淡"，我们反而要怀疑主力做出这种横盘整理形态的真实目的了。

3.1.3　对应原则

这里所讲的对应原则包含了以下两个方面的内容。

第一，纵向对应，指的是在 K 线进行横盘整理的时候，MACD 指标的柱状体一定要在红色强势区域，柱状体最好处于缓慢放大的状态或基本持平的状态，K 线在趋势转向后第一次出现整理形态，这时仓位可以适当地重一些。随着空间的上移，第二次甚至第三次出现本模式时，出于安全上的考虑，买进时要对仓位严格加以控制。

图 3-3 所示为春秋航空（601021）在 2021 年 7—9 月的日线图。图中清晰地显示，股价在经历了横盘整理后，已经来到了波段高位。尽管后面又拉出一点空间，但距离顶部已经不远了。

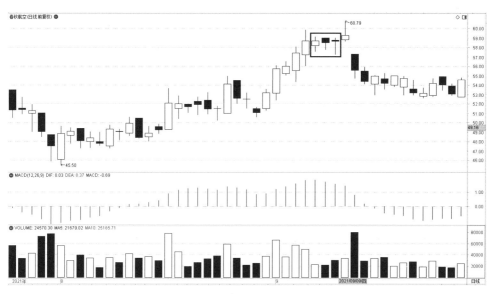

图 3-3　春秋航空日线图

第二，横向对应，指的是横盘整理形态出现的位置与左侧的小波段顶底或整理平台有直接的关系。为什么会在这种地方出现横盘整理形态呢？主力的最终目的又是什么呢？从市场角度来说，左侧下降趋势的抵抗性整理平台是由抄底资金在这个位置开始试探买入，价格随后受到各种因素的影响，并没有出现预期的上涨。在价格跌破这个抵抗性整理平台后，毫无疑问，所有在平台位置买入的人最终都会被套牢。一旦价格重新回到这个平台附近，这部分资金必然选择套现，于是解套盘便产生了，抛压也将随之而来。假若主力想继续向上开拓空间而又不想破坏自己营造出来的技术图形，同时要把这部分筹码承接下来，横盘就是最好的选择方式。

图 3-4 所示为四川成渝（601107）在 2020 年 11 月—2021 年 5 月的日线走势图。从图中可以清晰地看到，左侧是明显的下跌趋势。当股价在图中右侧开始恢复性上涨时，K 线在方框标示的区间出现了 3 个横盘整理形态，而这 3 个横盘整理形态对应的位置都与左侧下跌时出现的整理平台顶底有关。股价每经过一次

整理就上涨一段，由此可见，横盘整理就是主力停顿的地方，是主力为了化解左边平台产生的抛压所做的防守动作。

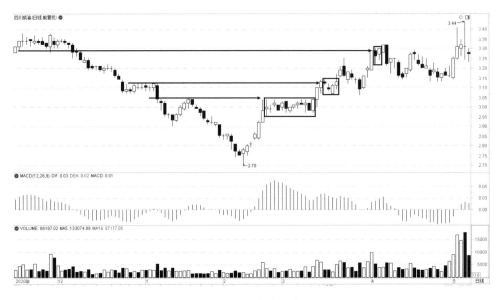

图 3-4　四川成渝日线图

或许有朋友认为，横盘整理形态与下跌途中抵抗性下跌形成的平台看起来相差不多。横盘整理形态是一种无方向的走势，从这点来说，它与抵抗性下跌平台确实相近，这是我们必须承认的。但大家要清楚两点：首先，横盘整理是在上涨途中出现的，这与下跌途中出现的抵抗性下跌是完全不同的，两者处于不同运行态势中的不同阶段，这是它们的一个重要差异；其次，下跌抵抗平台是在由上往下的重心下移的运动中产生，而横盘整理是在由下往上的重心逐步升高的上移过程中出现，这是二者本质的区别。

3.1.4　模式原理

对于横盘整理，我们大体知道了这是主力的防守动作，是受左侧套牢盘在解套后涌出的抛盘影响出现的一种主动性的休整。既然是防守和休整，又是什么理由支持我们预判股价随后会涨呢？要想解释清楚这一问题，还要从 MACD

指标入手。MACD 的第一根红色柱状体，意味着指标中两条均线已经黄金交叉，这在上一章中我们已经阐述过。随后连续不断的红色柱状体表明指标上两条均线的金叉状况依然在持续，虽然有时红色柱状体会略有缩短，但只要不出现绿色柱状体，就说明均线没有发生死叉。我们知道，价格是均线计算的基础，只有价格的变动才会造成均线的变动。既然均线变动的结果是没有死叉，可以倒推出价格在这期间的变动至少是横盘，而没有下跌。证券市场有句话叫"该跌不跌，理应看涨"，面临压力而不下跌，我们是否相信，均线助涨的作用迟早会在价格上表现出来呢？这就是本模式的理论依据。

3.2 模式要点

买和卖永远是散户最关心和最想了解的问题，但在介绍买卖点之前，我们有必要了解一下有关本模式买卖原则的知识。

3.2.1 K 线标准

K 线标准是第一要素，只有确定了横盘整理 K 线的界定标准，我们才能在今后的操作中快速、准确地辨识出这种模式。

在 MACD 柱状体处于红色强势区域的前提下，以波段上涨最后一根 K 线的高低点作为上下边界，若随后 K 线的开、收盘价都在这个区域内，注意上下影线不算，同时尽量符合 5 个交易日的时间原则，那么我们认定这一段 K 线的走势为横盘整理。

图 3-5 所示为海南橡胶（601118）在 2021 年 8—9 月的日线图。图中可以看到这是一个标准的横盘整理形态，指标处于强势区域，K 线在上下边界内排列，时间也在 5 天范围内，符合横盘整理的全部要素。

我们再来看一张失败的模式图例。图 3-6 所示为中国铁建（601186）在 2021 年 7—9 月的日线图。这是一张不符合本交易模式的失败图例，我们要求的各种要素似乎都符合，其实还是有一点疏漏，这也是容易被我们忽略的地方，就是横盘整理期间一根 K 线的收盘价高于上边界，类似这种地方，请大家一定要注意。

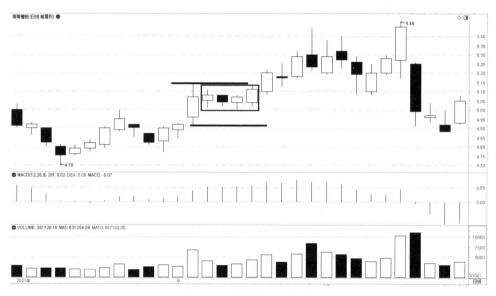

图 3-5　海南橡胶日线图

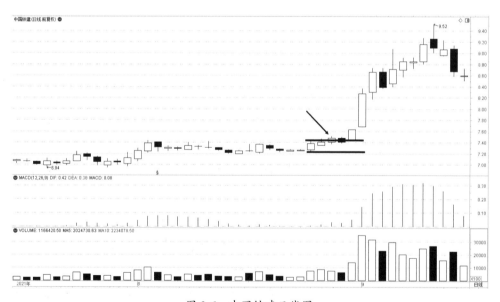

图 3-6　中国铁建日线图

我们看到，图中股价走势随后也有较好的表现，读者或许会有这样的疑问，为什么失败的模式走势也不差呢？若真是这样，我们还有必要做这么详细的区分吗？能发出这样的疑问，说明大家是在用心阅读，这是提高操作水平的有效途径，在此恭喜大家有了进步。回答这一问题其实很简单，大家只要把书翻回到本章的开始部分就能够找到答案。在第 3.1.1 部分里我们说过，本交易模式绝对适用于上升趋势。之所以提出只在下降趋势中进行转点操作，是因为在上涨趋势中买盘比较积极踊跃，会造成技术条件不是很规范。这张图就是这种情况，看起来是下跌后的反弹，但若打开软件对照着看，会发现该股在一个大的时间框架内其实处于缓慢上升的趋势，图中的低点只不过是一个波段的低点而已。它提供的是上升趋势下的逢低买进，而不是下降趋势下的转点交易，这就是两者的差别所在。这一示例也提醒我们，要辩证地看待事物，尤其是在股市，要尽量把眼光放远一些，多看大的趋势，然后再看局部的细节，这样对我们操作水平的提高会有极大的帮助。所谓"风物长宜放眼量"说的就是这个意思。

3.2.2　突破点

正确地辨认出标准的横盘形态只是第一步，只能说市场为我们提供了一个观察股价的机会，至于接下来能不能操作，还需要进行下一步的确认。或许有人会问，为什么这样讲，难道横盘整理过后股价不是向上拉升了吗？

股价拉升只是横盘整理形态出现后的一种结果，但不是必然和唯一的结果。这就好比我们看好一只股票后开始买进，我们当然期待它价格上涨，最好是暴涨。但愿望不代表现实，现实的情况是股价有可能如我们预期般的上涨，也有可能横盘，还有可能下跌，这就是我们在买进后需要立刻设置止损位置的原因所在。我们期待它涨，但它如果不涨，我们也有保护自己的手段，所谓"未求胜，先虑败"。证券投资是高级的智力游戏，操作前要充分考虑各种后果，多为自己设计几条进退之道，一定不能在冲动情绪的影响下盲目投资，毕竟股市万变，市场上最要紧的事情还是确保自己能生存下去，这才是正道。

横盘整理的意义是什么？横盘整理的意义就是告诉我们，主力在休息，在原地踏步。既然主力在原地踏步，投资者这时所做的第一件事情应该就是洞察主力原地踏步的目的，而不是盲目、乐观地预测股价随后会上涨，毕竟下跌也是主力的一个可能的选项。一定要承认，我们看不清横盘后的股价走势，但我们可以等待与观望，因为最终的结果无非有两种。第一种是主力在经过慎重考虑后，认为当下市场环境不利于拉升，因此在横盘后下跌。这时候的横盘可以理解为出货的预备动作，后面需要一根实体较大的阴线加以确认。第二种就是主力认为市场环境趋暖，大盘后市场没有系统性风险，因此在横盘后上涨。这时候的横盘可以理解为洗盘的动作，同样需要一根阳线来加以确认。

观察是过程，最终的目的还是在市场出现机会时能够有效地操作。在正确地辨识出标准的横盘整理形态后，我们将横盘整理区间 K 线的最高点作为突破点，等待市场自身打破这种无方向的态势，方便我们跟随进场。之所以选择横盘整理区间 K 线的最高点作为突破点，而不是之前波段上涨的最后一根 K 线，是因为连续几天的横盘整理在这里可以看作是主力蓄势突破或者清洗短线浮筹的手段，那么这里一定有市场成本的堆积。假设主力在后市选择向上突破的话，成本堆积的最高点当然就是未来上升的一个短线阻力点。

图 3-7 所示为国华网安（000004）在 2021 年 4—6 月的日线图，我们看到图中左侧是一段下跌趋势，因此符合转点交易的模式。在箭头所示波段上涨的最后一个 K 线完成后，价格进入横盘整理区间，时间是 3 个交易日，符合要求，横盘整理的空间位置对应的是左侧下跌时形成的一个平台顶。我们在横盘整理区间 K 线的最高点画一条水平线，这个点就是突破点。

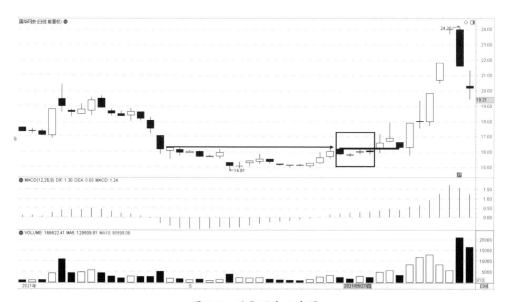

图 3-7 国华网安日线图

3.2.3 量的缩放

第 2 章中我们提到过成交量在确认买点时起到的至关重要的作用，也在讲解整理再突破的买点模式时简单提及了成交量在横盘时的表现，但没有详细说明，现在我们把这一重要的环节补上。

K 线在横盘时是非常折磨人的，因为这种无方向的运动如同鸡肋，食之无味，弃之可惜。这种地方若频繁操作往往会印证"多做多错"这句老话，这也是散户久而久之逐渐忽略乃至于放弃这种 K 线实体不大又阴阳相间的排列的地方。但正如美国著名的短线交易大师拉里·威廉斯在《短线交易秘诀》一书中所提到的那样："震荡越来越小的紧密形态将迎来宽幅震荡的日线波动。"意思就是说在短暂的整理态势后，必将在短周期内迎来一个适当的介入契机。拉里在书中还说："这样的循环会终年不断重复出现。一些小价差区间之后是大价差区间，大价差区间之后是小价差区间，这种循环极为准确，这是短线交易获利的基本关键。"

读到这里，大家是否恍然大悟，甚而拍案叫绝呢？主力进入这个市场不是来做慈善的，资本的逐利性注定他们是为赚钱而来，问题是没有人愿意把自己的辛苦钱甚至是血汗钱双手奉上，因此为达目的，主力当然要用尽手段，而横盘就是他们对付散户的手段之一。

K 线横盘我们看不出端倪，但若这种横盘是主力刻意而为的伎俩，就必然会在盘面和图表上留下蛛丝马迹，而成交量就是暴露主力行为的关键所在。

图 3-8 所示为南玻 A（000012）在 2021 年 3—5 月的日线图，图中左侧是下跌趋势，因此符合转点交易的模式。左侧箭头所示方框内上方是两天的横盘整理形态，下方是横盘整理期间对应的成交量，我们看到成交量呈现的是缩量特征。右侧箭头所指 K 线是突破 K 线，对应的是成交量的放大。

我们再来看一张失败图例。图 3-9 所示为方大集团（000055）在 2021 年 8—10 月的日线图，图中左侧是下跌趋势，因此符合转点交易的模式。左侧箭头所示方框内上方是两天的横盘整理形态，下方是横盘整理期间对应的成交量，我们看到呈现的是缩量特征。右侧箭头所指 K 线本应是一根突破 K 线，并且成交量也放大了，却是阴线阴量，反而说明筹码呈现散乱态势，预示突破失败，随后将展开下跌走势。

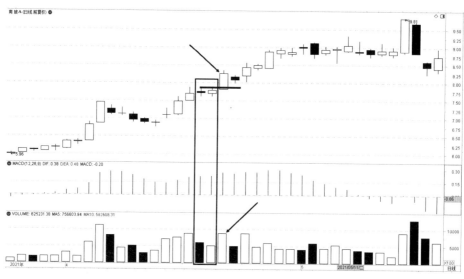

图 3-8　南玻 A 日线图

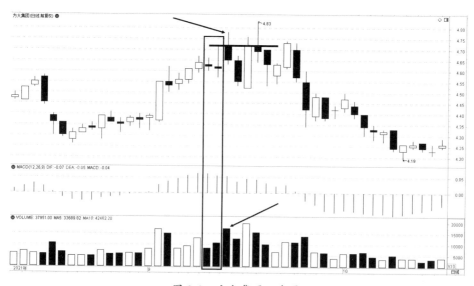

图 3-9　方大集团日线图

从这两幅图中我们能提炼出哪些有价值的信息呢？

第一，横盘整理时段与 K 线对应的成交量应该是缩量状态，或成交量至少应该处于持平状态。逐渐萎缩的成交量或者基本持平的成交量才能反映出市场上的抛盘在逐渐减少，直至枯竭。这时候多空双方的意向渐渐达成一致，主力也能够很好地控制盘面，这为横盘后最终的拉升创造了有利条件。

第二，与第一点对应，若是横盘整理区间整段成交量缩放无序，呈现出凌乱状态，反而说明市场上多空双方分歧较大，筹码呈分散格局，主力这时已经不能够很好地控制盘面，未来的走势令人担忧。请大家自行找图，对照理解。

第三，突破横盘整理区间最高点的 K 线一定要呈现出放量格局，并且收盘为阳线。放量虽然意味着市场对多空有一定的分歧，但一根有力度的阳线足以说明主力当天在盘中有积极的运作，这样就可以打消市场的顾虑。既然主力已经动手，我们还等待什么呢？

第四，与第三点对应的就是突破 K 线绝对不能是那种开高收低的假阳线，或者类似于十字星之类的其他类型的 K 线。开高收低的 K 线形态本身便有一种上方遇阻的意味，若是搭配一根放量的阴量柱，会动摇市场看多的信心。若第二天主力不能立即表态，用一根有力度的阳线收复失地，说明突破失败，市场反而会呈现出溃败格局。至于纯阴线，更不在我们考虑的范围之内，因为那根本不是突破，而是见顶。

图 3-10 所示为鹭燕医药（002788）在 2020 年 11 月—2021 年 6 月股价有效突破的示意图。我们看到对图中下降趋势线的突破是用一根幅度较大的阳线来完成的，并且成交量是有效地放出。至于对突破的确认则是用实体较小的星线来完成，成交量相对呈现出萎缩状态，表明市场上筹码稳定，抛盘减小，这样有利于后市再次放量的拉升。

图 3-10　有效突破示意图

3.3 买卖环节

了解了本模式的相关知识后，下面我们就正式进入买卖环节。

鉴于本交易模式已经放弃了上升趋势下的操作讲解，主要是针对下降趋势所做的转点交易，因此从内容的掌握上相比前一章可谓简化了许多。虽然如此，本交易模式仍然包含了诸多技巧在里面，投资者在使用前最好先进行模拟操作，待完全熟悉掌握后再运用于实战。毕竟下降趋势下的操作蕴含的风险很大，笔者也不希望自己的"蜜糖"变成其他人的"毒药"。

3.3.1 买点

价格横盘整理加上 MACD 红柱交易模式的买点可分为两种情况，下面我们介绍第一种买点。

买点一：左侧平台下方的横盘整理模式。

要点如下。

（1）K 线有效突破下降趋势线，或至少有效突破短期下降趋势线，从而使价格发生转折，进入了一个上升趋势，或至少进入了一个短期的上升趋势。

（2）在有效突破下降趋势后（包括长期或短期），价格来到离波段最低点最近的左侧的抵抗平台下方，进行第一次横盘整理，其意义是消化前期平台阻力，为今后的突破做准备。

（3）K 线整理时间不能超过 5 个交易日，并且 K 线对应的成交量应该逐渐萎缩，或者至少持平。对应的指标是 MACD 红柱处在强势区。

（4）某一天价格开始上涨，K 线收阳，最终收盘价突破了之前横盘整理区间 K 线的最高价，同时当天成交量大于横盘整理区间的成交量，预示突破成功。

（5）激进的投资者临盘时可在当天突破已成定局的情况下择机买进，稳健的投资者也可在第二天市场确认的情况下买进。

图 3-11 所示为卓易信息（688258）在 2020 年 12 月—2021 年 5 月的日线图，是本交易模式的经典图例。由图我们可以看到，左侧平台下方横盘整理买点模

式的所有要素全部具备，包括趋势线的突破、左侧平台下方的整理、箭头左侧五个交易日的整理周期、指标特征和突破时的量价表现，堪称完美。

图 3-11　卓易信息日线图

我们再来看一个个股实例。图 3-12 所示为株冶集团（600961）在 2021 年 2—9 月的日线图。我们看到，图中左侧是一段下跌走势，可以画出一根下降趋势线。在上方中间箭头所指处，股价用一根有力度的阳线突破了下降趋势线，随后股价在左侧平台的下方进行了为期两天的整理，整理时指标处于强势区域。其中整理的最后一天已经有突破的迹象，只是价格没有穿越整理区间的最高价。随后量价对整理区间进行了突破，接下来略作休整，拉出一个上升波段。

兵法云："兵形象水。"水的运行轨迹是什么？是向阻力最小的地方流动。股价在这一点上与水具有相同的特性，同样会向阻力最小的方向运动，除非有强大的外力介入。在遇到左侧抵抗性下跌平台的阻力后，股价正常的反应应该是遇阻回落。但如果遇阻而不下跌，说明有一股强大的力量介入，有效地承接住了市场所有的抛盘，才造成股价沿着横向的方向运动。是一股什么样的力量改变了股价下跌的结果呢？散户绝对做不到这一点，只有主力，并且是超级主力才可以做到。主力投入大量的资金，参与到多空的惨烈搏杀中，才营造出了我们看到的这种技术图形，其背后的意图究竟是什么呢？总不会是为了亏钱吧？答案不言自明。

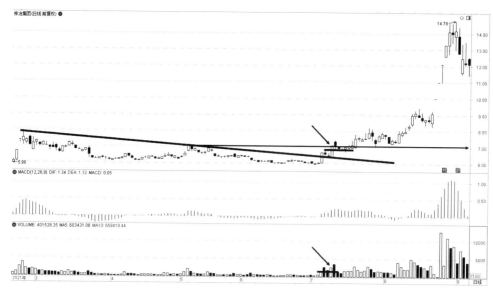

图 3-12　株冶集团日线图

我们可以提出结论：这时候的横盘更多是主力的一种蓄势的动作，其目的是准备迎接即将到来的宽幅震荡的日线波动。

接下来，介绍第二种买点。

买点二：左侧平台上方的横盘整理模式。

要点如下。

（1）K线有效突破下降趋势线，或至少有效突破短期下降趋势线，从而使价格发生转折，进入一个上升趋势，或至少进入一个短期的上升趋势。

（2）在有效突破下降趋势后（包括长期或短期），价格又突破了离波段最低点最近的左侧抵抗平台，并在其上方进行第一次横盘整理，其意义是消化突破后的短线获利盘，为再次向上拉升做准备。

（3）K线整理时间不能超过5个交易日，并且K线对应的成交量应该逐渐萎缩，或者至少持平。对应的指标是MACD红柱处于强势区。

（4）某一天价格开始上涨，K线收阳，最终收盘价突破了之前横盘整理区间K线的最高价，同时当天成交量大于横盘整理区间的成交量，预示突破成功。

（5）激进的投资者临盘时可在当天突破已成定局的情况下择机买进，稳健的投资者也可在第二天市场确认的情况下买进。

图3-13所示为重庆路桥（600106）在2021年3—9月的日线图，同样是本

交易模式的经典图例。由图我们可以看到左侧平台上方横盘整理买点模式所有要素全部具备，包括趋势线的突破、左侧平台的突破以及随后在平台上方的整理、方框内3天的整理周期、指标特征和突破时的量价表现，堪称完美。

图3-13　重庆路桥日线图

看图时有一点需要大家仔细体会，那就是方框中左侧的那一根长上影的K线。单纯从这根K线本身的形态来看，它是一根流星线，长上影线预示上方抛压很重，与它之前一根K线的最高价基本处于相同区域，很多人会误以为这是一个短期滞涨的信号。但我们放宽视野后，会发现这根K线其实已经站上左侧平台上方，是一根带有突破性质的K线。至于后市究竟是见顶还是突破，需要后面K线的确认。我们看到价格随后两天量能萎缩，说明长上影的突破K线带来的抛压已经趋于稳定，主力的防守已经初见成效，这时的横盘整理形态其实更反映一种洗盘的性质，其目的是让短线获利盘离场，让新生买盘加入，从而垫高市场的平均成本。这时主力的意图已经非常清楚，当主力休整完毕，出现K线再次带量突破时，就是我们的进场之日。

我们再来看一个实例。图3-14所示为中国天楹（000035）在2020年12月—2021年3月的日线图。我们看到，左侧的下跌趋势产生了一条下降趋势线，当股价突破这条趋势线来到左侧第一个平台上方时股价受阻开始整理。这段整理走势持续了4天，量能表现正常，只是价格在最后突破的前一天收在了平台阻力线下,看起来摇摇欲坠,但收盘并没有跌破由底部起来的波段上涨的最后一根K线的最低点,属正常的整理范围,只不过是主力耍的一个小把戏。第二天量价双双突破整理区间,开始波段上涨。

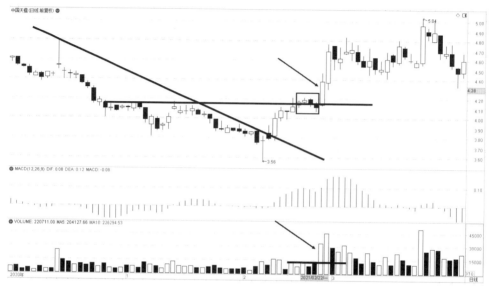

图3-14 中国天楹日线图

3.3.2 卖点

中国有个成语叫"唇齿相依",是说二者之间有一种相互依附的关系。买点和卖点也是一样,相互依附在一起。当我们展开买进动作后,便立刻产生了新的问题,那就是我们应该如何更好地卖出。下面我们就来探讨并解决这一问题。

卖点一:单峰衰弱的卖出模式。

要点如下。

(1)K线带量突破转势后的第一个整理平台开始向上拉升,当进入下一个左侧下降趋势的抵抗性整理平台后股价开始停滞,K线出现大阴线或其他经典卖出信号。

(2)对应K线经典卖出信号的是成交量的异常放大,出现阶段性的大量或者巨量交易。

（3）反映股价动能的 MACD 红柱已经不能伴随股价快速放大，达到最大值后连续三天开始缩短。

（4）股价跌破上升趋势线。

我们仍以图例的形式进行解说。图 3-15 所示为华锦股份（000059）在 2021 年 5—8 月的日线图。图中方框处标注的是面临左侧平台压力产生的最近一次横盘整理形态，股价随后放量拉升，在接近前期头部平台顶的时候，K 线收出一根流星线，同时爆出巨量，自此以后指标走弱。经典的 K 线形态、异常的量能、走弱的指标等卖点要素一一具备。

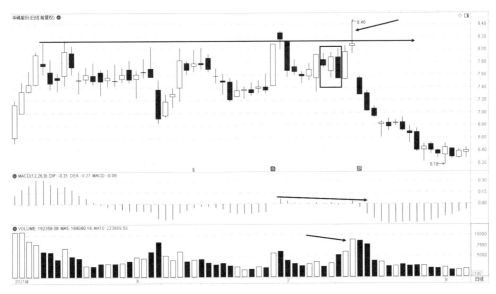

图 3-15　华锦股份日线图

我们再来看一图例。图 3-16 所示为华数传媒（000156）在 2021 年 6 月—10 月的日线图。若是对买入模式有深刻的理解，不用画线，通过目测我们也能看出，这属于左侧平台下方整理的模式。图中股价走势稳健，显示了操盘主力稳健的风格。当股价来到高位后，尽管成交量并没有出现异常，但收出了经典的 K 线组合看跌吞没形态和一根长上影线。此时指标开始走弱，顶部逐渐形成，获利的朋友应该落袋为安了。当股价跌破上升趋势线时，更应该做最后的卖出动作。

图 3-16　华数传媒日线图

卖点二：双峰背离的卖出模式。

讲解完单峰衰弱的卖出模式，我们再来看另一种卖出信号——双峰背离的卖出模式。

要点如下。

（1）价格在转点交易开始后以波段方式向上拉升，当达到左侧下降趋势的某个抵抗性平台后股价开始停滞，K 线出现大阴线或其他经典卖出信号。

（2）对应 K 线经典卖出信号的是成交量的异常放大，甚至出现爆量。

（3）反映股价动能的 MACD 红柱此时已经不能与股价同步放大，反而与股价呈现出顶背离状态。

（4）股价跌破上升趋势线。

下面我们以图例的形式进行说明。图 3-17 所示为冀东水泥（000401）在 2021 年 5—8 月的日线图。图中有 3 个方框，由低到高的前两个方框标示的是指数的横盘整理形态，空间上与左侧下降趋势的抵抗性平台相对应。第三个方框标示的是一组"流星线"的 K 线组合，空间上也与左侧平台相关。指标开始走弱，随后跌破下降趋势线。

图 3-17　冀东水泥日线图

我们再来看一个图例。图 3-18 所示为大悦城（000031）在 2021 年 7—10 月的日线图。如图中水平线所注，股价上涨后受到前期高点水平压力位压制，同时 MACD 标线出现顶背离，并且在水平压力附近出现两次较高的放量，这一切都说明此处抛压很大，股价有可能出现下跌。股价跌破上涨趋势线，确认了本阶段上涨趋势的完结。

图 3-18　大悦城日线图

至此两种卖点模式全部讲解完毕，看起来可以告一段落了，其实在这中间还是隐藏了某些有价值的东西。深刻理解这些隐藏的东西，对我们完全掌握卖点模式还是很有帮助的，下面我们就细细道来。

（1）在讲解卖点时我们引入了一条水平横线作为判断股价到顶的辅助线。辅助线的起点是左侧下降趋势当中的抵抗性整理平台，至于是从平台顶还是平台底开始，没有固定模式，需要视右侧 K 线顶部形态及所处的空间位置而定。

（2）与上一章不同，本章卖点的确定需要依赖成交量来辅助判断。这是因为主力在做横盘整理时，已经吸纳了不少筹码，后市需要拉出一定的获利空间方能顺利出局，因此在成交量上会有明显的异动，这有利于我们做出正确的判断。

（3）通过第二种卖点模式的讲解我们会发现，这种横盘整理形态可以在股价上升的过程中多次出现，这取决于主力自身的资金量和对后市的判断。假如市场环境趋暖，它可能一直这样走下去；假如环境恶劣，它可能会像第一种模式那样只有一个横盘整理就立刻见顶。一般来讲，游资短庄限于资金实力，往往喜欢快速建仓、快速拔高、快速出货的第一种模式。而拥有大资金的主力更多采取如第二种模式的平稳运作，体现在盘面上就是一招一式，波段操作清晰可见。

有心人会发现其实两种模式看起来相差不多，都是在左侧抵抗性平台处横盘，只不过一个是在突破前进行横盘（如图 3-18 所示），另一个是在突破后进行横盘（如图 3-17 所示）。不要小看这个差别，这背后其实反映的是主力的实力对比和多空的力量对比。从形态和 K 线的力度上讲，突破后开始横盘的主力应该比在突破前开始蓄势横盘的主力实力更强一些，形态的确定性也更大一些，同时说明上档阻力更小一些。有突破总比没有突破强，毕竟在未突破之前，市场还是充满了变数。

3.4 实例分析

买和卖在实战操作中固然很重要，但还不是最重要的。最重要的应该是你赚时能够赚得足够多，而亏时尽量做到亏得最少，这样经年累月地累积下来，你的财富就会不断增长。要想做到这一点，止损是你不能回避的问题。在进入实战案例分析前，我们还是简单谈一下止损的话题。

3.4.1 止损设置

止损到底有多重要，散户朋友可能并没有好好思考过。简单来说，止损是一个散户在证券市场能够长期生存下去的护身符。由于本书仅限于讲解MACD技术指标的使用技巧，因此对于止损的话题不做过多的展开，对止损感兴趣的朋友可以自行寻找相关书籍进行学习和研究。

回到我们的交易模式，在股票买进后我们会面临两种结果，一是股价如我们预期般上涨，这是我们最希望看到的结果；二是股价违背我们的意愿，虚晃一枪后开始下跌，这个时候预先设定的止损位置就会最大限度地确保我们的资金不至于损失得更多。

当股价突破横盘整理K线的最高点产生买入信号后，我们着手开始买入，止损位置设置在横盘整理区间的最低价。这样设置的理由是，假设突破是真实有效的，说明横盘整理区域的筹码堆积主力的成本居多，一旦后市价格回到主力的成本区，为了避免自己的筹码被套牢，主力一定会展开护盘的动作。假设突破是主力设置的圈套，说明横盘整理区域的筹码堆积散户的成本居多，后市主力一定会以阴线方式展开下突破，将这部分筹码套住，这一区域未来将成为另一个阻力区。若是后一种结果，确定的前提条件便是突破横盘整理区间的最低价。

至于买进仓位的选择，因人而异，这里不再赘述。

如图3-19所示，我们以华数传媒（000156）为例，对止损位置的设定进行说明。图中的下降趋势线告诉我们这是转点交易模式。图中还有两条短横线，上方一条是突破点，下方一条是我们在买进时设置的止损位置。假如买进后股价未能上涨而是下跌，后市待有效跌破这一位置时我们便需要止损离场，因为这时市场已经告诉我们，我们看错了。

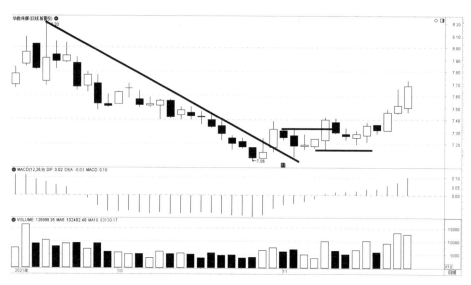

图 3-19　华数传媒日线图

3.4.2　实例

"纸上得来终觉浅",想要真正掌握一项技能,最好的方法就是自己动手,亲力亲为。下面我们就通过两个实战案例,系统地展示一下通过这一交易模式进行买卖操作的全过程,以及在这当中需要注意的一些细节。

图 3-20 所示为神州高铁（000008）在 2021 年 2—8 月的日线图。该股前期处于下降趋势,这为我们运用转点交易奠定了基础。根据该股的下跌走势,我们在图上绘制出了该股的下降趋势线,在深跌后出还出现了一段震荡平台。我们看到图的最右边的一根 K 线完成了对下降趋势线和平台水平阻力的双重突破,这为我们进行转点交易奠定了基础,下面我们就来看看该股后续的运行轨迹。

图 3-21 所示为神州高铁在突破后的股价运行图,我们来看看该如何确定买点。该股运行的是第二种买点模式,即左侧平台上方的横盘整理模式。在突破图中左侧箭头所指的平台阻力后,该股开始进行横盘整理,横盘时间为一个交易日,符合时间要求。股价横盘时我们以横盘整理 K 线的最高价为基准画出了突破点,即上方的短横线。在整理时段,指标依然处于红色强势区间,意味着向上的动能并没有消失,这也支持股价进一步趋好。技术分析有一个原则叫"极

性转换原则",说的是当一个支撑或阻力被有效突破后,就转换成今后股价运行的阻力或支撑。股价突破平台后,为期一天的盘整 K 线的最低价恰好打在震荡平台的上方。震荡平台由突破之前的压力位,变成了突破之后的支撑位。同时,成交量也突破了盘整 K 线对尖的成交量,至此条件齐备,我们可以在主图箭头标识的那根 K 线买进。

图 3-20 神州高铁日线图

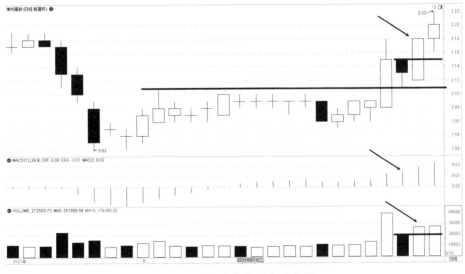

图 3-21 神州高铁买点示意图

图 3-22 所示为当天的买点分时图。前一天盘整 K 线的最高点是 2.15 元。而当天的股价在 11：00 之后便对盘整 K 线实现了突破，当天其余时间股价一直处于 2.15 元之上，在临收盘时以 2.18 元买进，且以当天最低价 2.12 元止损。

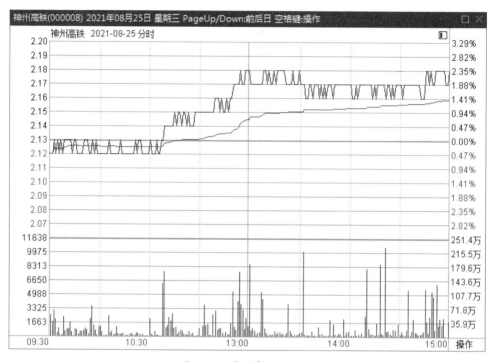

图 3-22　神州高铁分时图

我们再来看看该股精彩的拉升过程。图 3-23 所示为神州高铁拉升示意图。如图中三个方框所示，主力用了三个横盘整理来串联股价的上涨之旅，对应着左侧的平台，其间的差别无非是平台顶或者平台底而已。

我们看到，主力最终选择了继续往上做，那就接着寻找最后的卖点吧。图 3-24 所示为神州高铁卖点示意图。本例中，MACD 柱线图并没有出现背离，但上涨趋势线一旦被击穿，就意味着这一波段的涨势可能要结束了。MACD 指标虽然很重要，但它终归还是辅助指标，价格始终是最重要的。所以我们需要根据主图 K 线下破趋势线来确定卖点。

第3章 | 被人忽视的短线机会——横盘整理

图 3-23　神州高铁拉升示意图

图 3-24　神州高铁卖点示意图

看完了牛股的案例，下面我们再来看一个失败的操作，这次是单峰衰弱模式。图 3-25 所示为深圳华强（000062）在 2021 年 6—9 月的日线图。从图中我们可以看到，买点的几项要素都符合，K 线飘出了下跌趋势线后，短阳线突破了左侧平台的压力线，完成了并不显强势的双重突破，转点交易模式启动。3 个

85

交易日的整理以及整理期间萎缩的成交量同样非常标准，属于平台上方整理的买点模式。当时以整理区间 K 线的最高价画出突破点后，笔者觉得一个新的赚钱机会就摆在眼前。让我们看看突破后的表现吧。

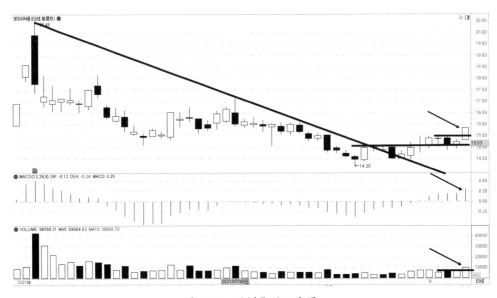

图 3-25　深圳华强日线图

图 3-26 所示为深圳华强后续突破买点图。我们看到买点处 K 线突破了整理区间 K 线的最高价，与此同时，成交量也配合股价的突破进行了有效的放大。一切都显得很正常，临收盘时笔者开始买进，将止损位置设置在横盘 K 线的最低价处（如图中虚线所示），将最大亏损额度设置为总资金的 3% 来计算资金使用量。不料随后一切都改变了，股价未能如预想般上涨，反而低开徘徊整理，同时出现的还有由强转弱的指标以及快速萎缩的成交量，表明股价的突破根本就是主力的虚晃一枪，它没有一点向上的意愿。在股价跌破了止损位后，笔者止损出局。

图 3-27 所示为当天的买点分时图。开盘一波冲高后进入震荡阶段，量能同时萎缩，表现也算中规中矩。下午盘一波放量拉升量价配合也比较理想，基本可以确定突破成立，看不出有何异常。因此在接近收盘时，笔者才在买进区域开始买进。

第3章 | 被人忽视的短线机会——横盘整理

图 3-26 深圳华强买点图

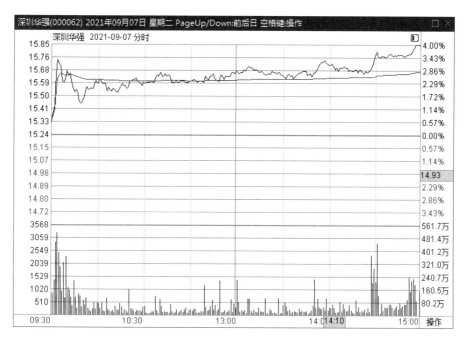

图 3-27 深圳华强买点分时图

图 3-28 所示为笔者止损出局当天的分时图。当天开盘后大部分时间在昨日收盘价附近运行，一小时后放量下跌，弱势格局已经确立。

87

图 3-28　深圳华强卖点分时图

事后笔者总结出两点失败的教训：一是市场环境不佳；二是虽然突破，但距离上方平台空间太小，股价即便突破成功，进一步的拉升空间也不大。

如图 3-29 所示，两个平台之间空间太小，K 线在突破后直接面对上一个平台压力，拉升难度很大。

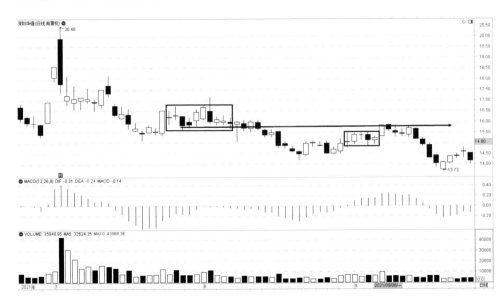

图 3-29　深圳华强失败示意图

但愿这次的失败教训能让读者有所得，使读者意识到股市是个高风险的市场，没有万无一失和事半功倍的捷径可走，想要提高自己的操作水平，不是通过打探各种内幕消息、寻找什么炒股秘籍就可以做到的，只有不断学习、学习，再学习这一条路可走。这条路虽然很苦，但正如那一句歌词所言："不经历风雨，怎么见彩虹，没有人能随随便便成功。"

第 4 章　趋势的先行者——指标的 DIF 线

　　趋势交易在当前市场中越来越受到重视。不管是机构投资者还是个人投资者，如果谁能够在趋势发生、发展的早期发现端倪，从而运用到市场之中，一方面可以掌握操作上的主动权，另一方面可以实现利润的最大化。同理，要是谁能够及早发现趋势衰竭，或者转向衰竭的初期征兆，便可以做到从容离场，卖在最高点。

为了实现这一目的，市场的参与者无不绞尽脑汁，开发出各种各样的预测市场趋势的工具，试图做到先人一步、先知先觉。应该说买在最低、卖在最高是市场中所有参与者共同追求的理想境界。虽然这与技术分析理论当中的"不言顶、不测底"的宗旨有所背离，但要尽可能地做到这一点，哪怕只是一点点，也会为我们的操作带来莫大的好处。

散户是市场当中的弱势群体，他们的愿望或许会显得更加强烈，本章我们就来探寻这种能够帮助我们克敌制胜的法宝。

4.1 DIF 线的功能

无论你是想从容地跟随趋势，还是想提早发现趋势的转折变化，在趋势交易中最合适的技术分析工具莫过于如今市场上流行的各种趋势类的技术指标。其中均线就是这样一种指标。

4.1.1 均线

均线是利用数理统计学的原理，根据平均数的概念，计算在某一设定的时间内，所有持股者平均成本的价格曲线。例如，5 日均线就代表 5 日内买入股票的投资者的平均成本。均线的种类很多，我们现在看盘或操作时经常用到的有简单移动平均线（MA）及指数移动平均线。其他的还有不常用到的变异平均线（VMA）和高价平均线（HMA）等，这里就不一一列举了。对均线感兴趣的朋友，可以自行查阅相关资料进行了解。

应该说，在众多的趋势类技术指标中，均线是追随趋势并将其完整表达出来的最好的指标之一。无论是程序交易者，还是自己看盘操作的中小股民，只要进行的是趋势交易，均线就是一个很好的选择。均线理论简单易学，葛兰碧总结出的八大买卖点更是在投资界家喻户晓，其中最受推崇的就是不同周期的两条均线相互交叉提供的买卖点，但事物有一利必有一弊，均线虽然优点很多，但是缺点也不少。

第一个缺点就是均线参数很难确定。均线的参数可以有很多设置，5日、10日、20日、30日、60日、120日、250日等都可以，近来又有人提出了年倍均线，即两年的均线、三年的均线等，换算成时间就是500日和750日均线。问题是这么多的均线，实战中你要用哪一种呢？有人会说，可以照搬全用，都放到价格图里面。这样做固然可以，但你看盘时会发现这样的问题：一根重要的均线已经向上运行，另一根重要的均线还在持续向下，价格在两条均线之间运行，这时你又该如何判断呢？

图 4-1 所示为中兴通讯（000063）在 2021 年 2—5 月的日线图。这是搭配常规均线的股价运行图，短期均线 MA5、MA10、MA20 形成多头排列，股价短期上行。但我们还能看到，当天收盘刚好受到 120 日均线的压制。如果是你，你会做出怎样的判断，股价未来是涨，是跌，还是横盘呢？

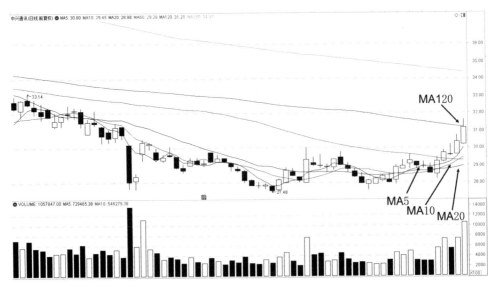

图 4-1　中兴通讯日线图

有人会说可以按照长期、中期、短期的架构形成均线组，这样便于对各种趋势进行判断。这样做出发点是好的，但具体应该怎样选择呢？首先是短、中、长周期如何划分；其次是参数的选择，短周期是用 5 日均线还是 10 日均线，中周期是用 20 日均线还是 30 日均线，长周期是用 60 日均线还是 120 日均线。即便你能够很好地解决这些问题，你敢保证你使用的均线最适合你买入的股票吗？

图 4-2 所示为华侨城 A（000069）在 2021 年 4—11 月的日线图。我们看到图中均线的设置是大家常用的 5 日、10 日和 30 日均线组成的均线组。我们看到第一个箭头处，股价启动波段行情时，由于偏离中期均线较远，按照均线理论的使用法则，这时是不应该介入的，因为相对收益来讲，风险太大。当股价上升一段，致使中期 30 日均线走平并转而向上运行时，满足均线理论，应该介入，但我们发现股价已见顶，随后开始下跌，并创出了新低。此时我们会感到，我们的均线设置或许出了问题，均线提供给我们的信息与市场的实际走势恰恰相反，使我们陷入了反向操作的困局。这样的情形如果连续出现几回，相信你心里就会对均线理论产生怀疑。

图 4-2　华侨城 A 日线图

均线的第二个缺点是具有滞后性，这是由它的本质决定的。由于均线的计算方式是先将数据汇总再计算平均数，因此它起到的作用是使数据平滑，这就决定了均线只能跟随趋势的变化，而不能针对趋势的转折提前进行反映。由此看来，若想要提前反映趋势的变化，均线并不是我们的首选，我们应该继续寻找其他的技术分析工具。

4.1.2　MACD 指标

均线是跟随趋势的最好工具之一，它虽然不能帮助我们找到问题的答案，但至少给我们提供了一种解决问题的思路。只要我们扬长避短，对均线的特点有所扬弃，就能够在此基础上向前一步，找到我们想要的答案。

从这一点上来说，我们要感谢 MACD 指标的发明者杰拉尔德·阿佩尔先生。正是他开发出了 MACD 指标，才使我们的想法有了实现的可能。

对此持不同见解的人或许有这样的疑问，前面的章节中多次强调，MACD 指标是依据均线原理构造而成的，既然如此，MACD 指标就应该与均线同步或者更加滞后，这里怎么又说 MACD 指标会超前于均线对价格进行反映呢？是的，这个问题提得非常好。在以往对 MACD 指标的认识中，人们都把它当作一个能够反映股价中期趋势的指标，就连 MACD 指标的发明者阿佩尔先生也认为："这个指标的结构反映了市场的趋势，所以它应该在趋势理论的基础上进行分析。"但事情往往就是这样，同样的事物从这个角度看，它会毫无用处，让你弃如敝屣；可如果你换个角度看，它就会化腐朽为神奇，体现出它应有的价值。

除了要感谢 MACD 指标的发明者阿佩尔先生以外，在这里我们还要感谢另外一个人。这个人发现了 MACD 指标在趋势预测方面具有的领先性，他就是《动能指标》一书的作者，美国人马丁·J. 普林格。

请读者一定要记住并理解"领先性"这个词，这句话为我们指明了方向，照亮了我们前进的路。

MACD 指标的构造非常简单，是两组呈倍数的均线的比值或差值。我们来看一下 MACD 指标的两句源码：

DIF:EMA(CLOSE,12)-EMA(CLOSE,26)；

DEA:EMA(DIF,9)；

就是 12，26，9 这三个数字的组合构成了 MACD 指标当中的两条指标线。为什么是这样的三个数字，而不是其他的数字呢？原因就是这三个数字包含了很重要的时间周期,在这里为大家解释一下,也便于大家加深对MACD指标的理解。

过去的股市交易在交易时间的安排上与现在略有差别。原来执行的是一周单休日,即每个星期工作六天,只休息一天,股市的交易时间与之相配合,也是每周进行六天的交易。因此,MACD指标当中12这个数字就意为取两周的数据作为指标计算的依据。一个月有四周,当然是24天了,但有的时候由于是满月,因此会多出两天的交易时间,所以月线数据的采样周期就定为26天。

现在我们就理解了,MACD指标的第一句源码说的就是用12天的指数移动平均线,也就是半个月的时间周期与26天的指数移动平均线,也就是一个月的时间周期相减,其差值作为指标的第一条均线,用DIF表示。DIF代表两条均线的差值。

单独用一条指标线在实战中很难对价格的走势做出明确的判断,因此MACD指标的作者又在第一条指标线的基础上,对第一条指标线做了平滑处理,取一周半这个时间作为计算的取样数据,这就是MACD指标的第二句源码。一周6个交易日,一周半当然就是9个交易日,这就是参数9的由来。由于数据计算时除了正值外还会产生负值,因此作者又在指标上加了一条零线,其目的是便于区分正负值所处的空间位置。遗憾的是,后来者过分看重零线的作用,使用时往往把MACD指标与超买超卖的摆荡类指标联系在一起,逐渐忽略了该指标最强大的功能,那就是针对趋势的领先功能。

或许有人会问,现在是一周5个交易日,一个月大概22个交易日,一周半可以是7天,也可以是8天,按照上面的说法,MACD指标的参数岂不是要修改成10,22,7?应该说这样的修改完全可行,绝对没有任何问题。大家之所以直到现在还在用原来的参数进行操作,是因为发现修改后的图形与原图形几乎一模一样,再加上大家已经习惯使用原来的参数了,因此后来也就默认了继续使用原来的参数。如果哪一天交易所对交易时间再进行很大的变动,或许我们会对MACD指标的参数进行修改。

图4-3所示为华侨城A(000069)在2021年4—11月的日线图。在价格图的下方设置了两个MACD指标,上图采用的是原始的12,26,9的参数设置,下图采用的是10,22,7的参数设置。通过两个指标的对比我们发现,二者在

反映股价变动的过程中并没有什么根本性的不同，因此使用原有参数完全可行。

图 4-3　华侨城 A 日线图

4.1.3　DIF 线

天下的事情真是奇妙得很，有时的确会让人感觉不可思议。MACD 指标来自均线，因此从结论上推导，它反映价格的趋势应该与均线一样具有滞后性，但妙就妙在，将两组成倍的均线变成一种有某种简单关系的组合，它在预测股票价格的趋势方面反而就有了领先性，这就是 MACD 指标最神奇的地方。

图 4-4 所示为上证指数在 2021 年 4—11 月的日线图。图中共有四组上下对应的箭头，标示的是 MACD 指标与同样参数的指数移动均线的金叉、死叉情况。按图中顺序由左至右排列，分别为金叉、死叉和再次金叉、死叉。我们看到相比主图上两条均线的金叉、死叉情况，MACD 指标总是提前主图均线发出金叉、死叉的买卖信号，其中有些信号可以提早十几个交易日。当 MACD 指标在股价高位及时提示风险后，均线才在股价已经明显下跌一段后发生死叉，对投资者发出风险提示。孰优孰劣，一目了然。

第4章 | 趋势的先行者——指标的DIF线

图 4-4　上证指数日线图

盘整行情中，均线的表现让人不敢恭维，MACD指标的表现也差强人意，其实不单单是这两个指标，但凡趋势类指标，在盘整行情中的表现都不是很好。这也很正常，因为人家就是在趋势行情当中使用的，你非要用在盘整行情中，当然不合适，这也是操作当中需要我们注意的地方，即指标有它的适用性。可一旦股价进入趋势行情，无论是均线还是MACD指标，二者的表现均十分优异。通过图4-4的对比，我们看到MACD指标的表现更胜一筹，它总能领先均线提前对趋势的变化做出反映。现在你是否还对MACD指标在趋势预测方面具有领先性抱有怀疑呢？

MACD指标是由几部分组成的？究竟是哪一部分主导了指标具有趋势的领先发现功能呢？这个问题不弄清楚，我们对指标的认识还是处于懵懂无知的状态。MACD指标源码共有三句，通过对它们的分析，我们可以知道第一句最重要，因为它是后两句的基础。如果没有第一句源码产生的指标线，第二条指标线和指标柱体就不会产生，可见三者之间存在依附关系。看到这里，我们就应该知道答案了，使MACD指标具有趋势领先发现功能的是DIF线。

道氏理论阐述的趋势的思想是通过趋势线这一技术分析工具来实现的，MACD指标具有的趋势领先发现功能同样依靠趋势线来完成。这一思想在普林格所著的《动能指标》一书中有详细的阐述，这也是作者对MACD指标解释做出的最大贡献。用一句话来概括：我们为了分析股票价格的趋势在价格上面所画的趋势线，在MACD指标上，确切地说是在DIF线上同样可以画。

我们已经知道是指标当中的DIF线使整个MACD指标具有了趋势领先性，我们还知道可以利用趋势线来实现这种趋势的领先性，那么这种领先性到底体现在哪里呢？下面我们用实例给出解答。

在讲解MACD指标的趋势领先性之前，首先看一下只保留DIF线的MACD指标示意图，以免大家日后自行使用时发生错误。

图4-5所示为只保留DIF线的MACD指标示意图，我们连接DIF线的低点，做出上升趋势线，连接DIF线的高点，做出下降趋势线，以此来判断趋势的变化。

图4-5　只保留DIF线的MACD指标示意图

接下来看DIF线的趋势领先功能。图4-6所示为深赛格（000058）在2021年6—9月的日线走势图。图的上半部分是连接股价高点所形成的下降趋势线，下半部分是连接DIF线的高点所形成的下降趋势线。从图中我们可以清楚地看到，指标DIF线对下降趋势线的突破提前于股价对下降趋势线的突破。通过软件十字光标的移动，我们知道这次突破提前了很多。不要小看这几个交易日，不要说只能买几千股的散户，哪怕是上亿元的资金在这4天中也可以从容布局了。

图 4-6 深赛格日线图

我们再看一个实例。图 4-7 所示为深圳华强（000062）在 2020 年 7 月—2021 年 5 月的日线图。我们看到图中有两条下降趋势线，一条是连接股价在下跌过程中形成的高点形成的，另一条是连接 DIF 线的高点形成的。通过移动软件的十字光标可以知道，相比价格对下降趋势线的突破，指标对下降趋势线的突破提前了几天的时间。

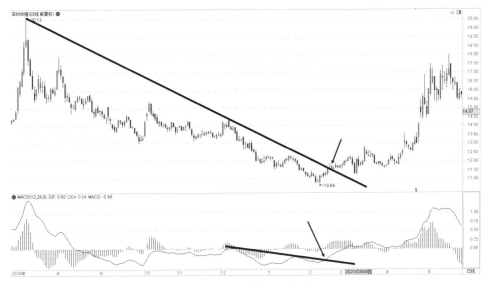

图 4-7 深圳华强日线图

看过了提前进场的例子,你有何感想?是不是有一种恍然大悟的感觉,原来我们每天都在看的 MACD 指标还有如此神奇的功能!

下面我们来看一个提前出局的实例。图 4-8 所示为华侨城 A(000069)在 2021 年 2—10 月的日线图。图的上半部分是连接股价低点所形成的上升趋势线,下半部分是连接 DIF 线的低点所形成的上升趋势线。从图中我们可以清楚地看到,指标 DIF 线对上升趋势线的突破提前于股价对上升趋势线的突破。通过移动软件的十字光标可以发现,指标的突破比价格的突破提前几个交易日。一名持仓的投资者在这几天当中有充裕的时间离场出局,从而躲过这次下跌。

图 4-8 华侨城 A 日线图

我们再看一个提前离场的实例。图 4-9 所示为海王生物(000078)在 2021 年 3—11 月的日线图。我们看到图中有两条实线绘制的上升趋势线,当指标 DIF 线早早地突破上升趋势线时,股价还在高位盘旋,在滞后几天后才完成最终的去印记,击穿了上升趋势线。在这几天里,你可以在任何时间段离场。

通过上面几个图例,我们可以对 MACD 指标中 DIF 线具有的趋势领先性做个总结。

第一,DIF 线所做的趋势线与股票价格同点位所做的趋势线相比,大部分时间表现为具有领先性,有少部分表现为具有同步性。

第二,上面说的趋势线既包括上升趋势线,也包括下降趋势线。

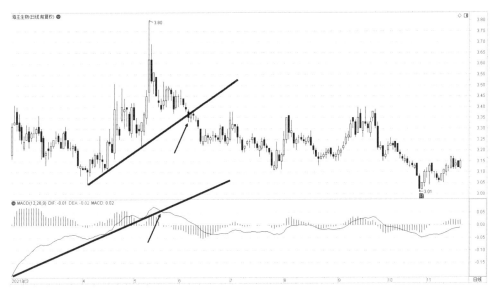

图 4-9　海王生物日线图

第三，趋势线迟早会被突破，而且往往也是 MACD 指标先开始突破。

第四，在 DIF 线上所做的趋势线被突破并不意味着股价一定会跟随这种走势，二者不是绝对的关系。

4.2　趋势线的高低点

前文我们讲到 DIF 线相对于股价无论是在上升趋势还是在下降趋势都具有趋势领先的作用。但我们不要忘记，只有价格的涨跌才会真正为我们带来悲和喜，因为价格是本源，而指标不过是反映价格的工具，这一点大家要牢记。当然，不是说指标的趋势领先功能没有作用，只是我们在实际操作中还要添加辅助条件，否则，这种领先也许只能停留在提示作用上，而不能在操作层面上转化为对我们实实在在的帮助。

4.2.1　高低点的作用

每个投资者都知道，需要连接至少两个点，方能在图上画出一条趋势线。

在一个上升行情中,依次连接股票价格走势的低点形成的趋势线叫作上升趋势线;在一个下降行情中,依次连接股票价格走势的高点形成的趋势线叫作下降趋势线。有的时候你也会发现,图上的一条趋势线穿过了股票价格的多个高低点,这也是一种常见的现象,在传统的趋势线技术分析领域,一线穿多点的情形越多越好,只有这样的趋势线分析,预测的效果才更好。当然,这些都无关大局,不影响趋势线在预判趋势中发挥作用。

我们考虑的问题是,如果一条趋势线已经形成,那么形成趋势线的那些股价高低点的作用又是什么呢?回答这样的问题,最直接的方式就是看图说话。

图 4-10 所示为深圳机场(000089)在 2020 年 8 月—2021 年 5 月的日线图。我们看到图中有一条下降趋势线,是连接两个股价高点所形成的。在下降趋势线被突破后,我们由下往上,在趋势线经过的股价高点做它的水平线,由此股价高点所做的水平直线两次阻挡住了股价的上涨,具有很强的阻力作用。

图 4-10 深圳机场日线图

我们再来看另一张图。图 4-11 所示为川能动力(000155)在 2021 年 6—10 月的日线图。我们看到图中有一条上升趋势线,是连接股价的三个低点形成的。在上升趋势线被突破后,我们由上往下,分别在趋势线经过的两个股价低点做它的水平线,这两个低点所做的水平直线分别对股价的走势起到了支撑作用。一次是股价遇到支撑出现一个交易日的短暂反弹，另一次则干脆诱发了反弹行情。

图 4-11　川能动力日线图

由此可见，趋势线所穿过的股价的高低点，并不仅仅是为趋势线的连接提供了一个定点的作用，一旦趋势转向，它还会在后面的行情中对股价起到支撑和阻挡的作用。支撑和压力如何看待，实战中广大投资者经常将这样的问题搞错。在一段上升的趋势中，常有人说："看，股价又突破压力了。"何为上升趋势？就是股价能够不断创出新高，因此创新高在上升趋势中是再正常不过的事情，没有什么值得大惊小怪的。相反，上升趋势的回调行情我们才更应该关心，因为这是检验上升趋势能否延续的试金石。只有在低点能够得到有效的支撑，股价才能进一步积蓄能量，向新的高点冲击。因此，在上升趋势中我们应该看支撑，而不是看压力。反过来也是一样，一段下降趋势能继续维持下去的特征就是不断创出新低，同时高点不断给反弹制造压力。如果新低不再，而反弹居然突破前期高点，我们就要对这段下跌趋势重新进行审视了。换句话说，下跌看压力，而不是找支撑。

图 4-12 所示为国际实业（000159）在 2021 年 2—9 月的日线图。我们看到从低点上来，股价开始了一轮中期趋势上涨行情，如图中上升趋势线所示。在

箭头所指处，股价跌破了上升趋势线，此时我们可以离场，毕竟接下来股价会怎么走，我们无从知晓。股价经过下跌后到了上升趋势线的第一个低点，这里的支撑作用才是检验趋势是否会终结的试金石。我们看到，这里提供了良好的支撑，股价在此蓄势后展开上攻动作，进而突破了原来趋势的高点，由此我们判定，原有的趋势不过是一个更大趋势中的一部分，又一轮趋势性行情开始了，我们当然要择机入场。

图 4-12　国际实业日线图

我们来看一个下降趋势的实例。图 4-13 所示为美的集团（000333）在 2021 年 2—8 月的日线图。我们看到图中的下降趋势线代表了一轮中期趋势性的下跌行情，这轮行情在箭头所指处出现了突破的迹象，此时我们可以轻仓谨慎买入，因为毕竟完成了对中期下降趋势线的突破。图中较高位置水平线所示处，我们看到股价受制于下降趋势线的高点阻力，见顶回落，由此我们知道此轮下跌趋势并未能完全扭转，这时我们要卖出。随后我们看到股价再返前期低点，进而跌破低点支撑，继续寻底。我们知道新一轮的下跌趋势已经展开。至于为什么会这样，我们接下来会继续探讨。

图 4-13　美的集团日线图

4.2.2　高低点的作用原理

　　趋势线穿过的股价的高低点在趋势反向运行中具有支撑和阻挡的作用，这种现象为什么会发生？其背后的逻辑关系又是什么？要回答这个问题，需要从主力的操作行为入手展开分析。

　　主力的操作有着非常严密的计划，即便在股价的一个上升阶段，主力的操作也是分步骤、有节奏地进行，而不是天天高举高打、狂冲猛拉。每进行一段拉抬，主力都要进行休整。一方面需要市场进行充分的换手，自然地抬高市场的平均成本；另一方面借此观察盘面的变化，看主动性的买卖盘，看是否有其他大资金进场与其抢筹等。我们知道，股价的上升是资金推动的结果，一旦主力停手，股价的上升便会有所停滞或者开始下跌。当股价整理到某一时刻或者回落到某一位置时，如果主力对盘面已经看清，当时又没有其他因素的影响，比如大盘的大幅下跌等，主力便会展开新的买进动作，促使股价上涨。

　　新的波段上涨是主力推动的，这个过程中主力自然需要拿出真金白银。换句话说，主力的筹码在此堆积，筹码堆积的地方当然就是主力的一个成本区。既然主力的成本在这里堆积，那么后市股价一旦再回到这个位置，主力当然会有所动作,以拯救自己的筹码,避免自己被套牢,这就是趋势线穿过的低点具有支撑作用的原因所在。

理解了低点支撑的原理,那么高点阻挡的原理也就更容易理解了,它不过是前者的反向而已。股价的下跌反映的是资金不断抽离的过程,这是主力主动抛售带来的结果。但主力的这种抛售行为不会无休止地进行下去,因为市场的买卖是相对的,一方抛售必定有另一方承接,这样交易才能进行。一旦股价跌得过快、过急,造成市场情绪过分恐慌,承接盘不敢进场,这反而会使主力的出货行为更加困难。因此主力出货时一般都会边停边出,让股价呈阶梯状逐级下探。有时为了诱惑散户,主力还要变换手法,制造出反弹的波段,致使散户产生错觉。不管主力采用何种手法,都是为了掩盖自己想要出货这一真实目的,同时避免散户发觉真相后先于自己离场。

当市场情绪有所缓和,主力会再次展开抛售行动。为了尽快出局,只要有人承接,主力就会加快抛售,反映在股价运行轨迹上就是一小段快速下跌,于是下跌过程中的高点产生了。每一次的抛售都意味着有一些资金被主力迷惑,进场承接,从而被套在那里,当日后趋势反向运行,股价再次来到这个位置时,当初被套牢的资金当然会选择解套出局,这就是趋势线穿过的高点产生阻力的原因所在。

4.2.3 指标的高低点

在之前的内容中我们提到,在 DIF 线上做趋势线,其高低点必须与股价的高低点是同一个点,若非如此,做出来的趋势线是没有任何意义的。既然 DIF 线与股价是一一对应的关系,那么反映在股价高低点上的支撑和阻挡作用当然也适用于 DIF 线。同理,DIF 线在高低点上的反映同样具有领先性,即在股价日后反向运动中,DIF 线总是领先股价或者与股价同步对趋势线上的高低点进行突破。

图 4-14 所示为长虹华意(000404)在 2021 年 3—11 月的日线图。我们看到图中有两条下降趋势线,上面的是连接股价两个高点产生的下降趋势线,下面的是连接与股价对应的 DIF 线的高点产生的下降趋势线。两条下降趋势线的突破几乎同时的,是少有的 DIF 趋势线与股价趋势线同步运行的格局。虽然趋

势线的突破是同步运行的，但在突破趋势线高点引申出来的水平横线阻力时，DIF线又体现出了它的领先性。图中两条水平横线为各自趋势线高点引出来的水平阻力，我们看到当DIF线已经突破水平阻力相当长一段时间后，股价才突破价格的阻力。

图4-14　长虹华意日线图

图4-15所示为渤海租赁（000415）在2020年6月—2021年2月的日线图。我们分别选取股价和指标的高点做出了二者的下降趋势线。可以看到，当突破下降趋势线时，股价和指标表现出了少有的同步性，但在对趋势线高点所做的水平横线阻力进行突破时，二者的差异十分明显。指标早早就完成了对趋势线高点的突破，但股价迟迟不能进行有效的突破，从而使人们对这个高点产生了畏难的情绪。这是很重要的盘面特征，它反映出主力操盘的犹豫情绪。虽然没有做过很精确的统计，但有一点可以肯定，类似这种滞后多日的突破往往以假突破居多，这一点还需读者注意。既然是假突破，那么主力的真实目的一定是反方向的运行，实战当中大家要对快速下跌有所防范。

接下来我们再看看DIF线领先突破上升趋势线的案例。图4-16所示为丽珠集团（000513）在2021年3—11月的日线图。DIF线率先跌破上升趋势线，随后跌破指标的水平支撑线。相比指标的领先性，股价跌破上升趋势线并随后跌破上升趋势线的水平支撑线，从时间上来看，相比指标滞后了许多。DIF线跌破上升趋势线时，股价也几乎同时跌破了上升趋势线。至于跌破上升趋势线引出的水平支撑线，股价则比 DIF 线要晚得多。由此可见，DIF 线在对趋势线上的高低点进行突破时同样具有领先性。

图 4-15　渤海租赁日线图

图 4-16　丽珠集团日线图

此例与上例一样,都是股价相对指标而言滞后很多。如果说对趋势线高点水平阻力突破的滞后反映了主力临盘犹豫、不想拉升股价的意图,那么在高位滞后指标这么多日才下跌,反映的恰恰是主力的无奈。主力不是不想脱身,而是承接盘的匮乏让其欲走不能,因此主力只好把股价维持在高位。此时散户千万不要产生错觉,以为是指标出错,从而进场承接,那样就中了主力的诡计。指标会有错误,但这种错误需要通过股价的变化来证明,即当股价反身向上,又突破了此波高点时,我们才会纠正自己的错误,否则要相信指标的领先性。

图 4-17 所示为海马汽车（000572）在 2021 年 2—7 月的日线图。此例与上例走势基本相同,趋势线分别是连接股价和指标的低点所绘制的。当指标领先价格跌破上升趋势线时,股价跟随指标滞后几日也跌破了上升趋势线。但对趋势线低点水平支撑的突破,也滞后了几个交易日。

图 4-17　海马汽车日线图

看过了这两个例子,相信大家对 DIF 线在趋势变化方面的领先性有了深入且全面的了解,这就为我们今后的实战打下了良好的理论基础。但市场是千变万化的,要想让这种领先性化作我们操作中提前买入和卖出的秘密武器,我们还要对此种技术进行系统的总结,这样方能在具体的操作中享受快人一步的美妙感觉。

○ 4.3 DIF 线的功能延伸

价格的波动是最真实的，是市场最自然的表现形式，所以它是市场的本源。指标虽然是对价格的反映，但它依附于价格，不过是价格的影子，起到的仅仅是提示和警示作用，绝不能够代表价格。市场变幻莫测，主力诡计多端，为了达到目的，他们无所不用其极，因此，实战中我们绝不能仅依据指标的一个特性而展开操作，那样实在太危险了。

虽然如此，DIF 线在趋势上的领先性我们仍须重视，因为除了它，我们暂时还没有其他的工具可以借助。况且在研究中我们发现，如果市场真的存在一个难得的机遇，DIF 线除了趋势的领先性，还会以其他形式不断提示我们。从这一点来说，MACD 指标不愧是指标中的王者，这也更加坚定了我们研究、使用 MACD 指标的信心和决心。

4.3.1 指标的形态

价格的表现形式是波动，这种波动如果长时间运行下去，就会造成两种结果：一种是形成了单边走势的形态，另一种是形成了多边走势的形态。打开任意一张图表，不管是哪个市场、哪个交易品种，不管是何种时间周期的，其价格都以这两种结果呈现在我们面前。

通过前面的内容我们已经了解，在趋势状态下 MACD 指标的 DIF 线具有趋势领先功能，可以针对趋势的变化向我们预警。那么在形态面前，它是否还能有如此优异的表现呢？在回答这个问题之前，我们需要了解什么是形态学。

形态学源于道氏理论，按照该理论的说法，金融市场上的波动是由不同周期的波动组成的。波动过程中价格不会总是上涨或者下跌，总会有休息或者多空转折。而这些休息或者多空转折具有规律性和重复性，因此有人将这些串联道氏理论的特定走势整理出来，便形成了现在的形态学。

形态学最初是由《福布斯》杂志的编辑理查德·沙巴克于 1937 年整理并完善的，但直到 1948 年约翰·迈吉和罗伯特·爱德华二人合著的《股价趋势技术分析》一书出版后，形态学才被世人认可并最终发扬光大。在这本书中，两位作者系统地整理了道氏和沙巴克的思想并重新加以阐述，这本书后来也成为趋势和形态识别分析领域的代表作。

形态的种类很多，按照空间位置的不同，可以分为顶部形态、底部形态和整理形态。由于整理形态是趋势的一部分，因此 DIF 线在形态上的表现形式更多地体现在顶部形态和底部形态上。如此一来，指标的形态划分便容易了许多。股价的顶部形态常见的有如下几种：V 形顶、双头、三重顶和头肩顶。股价的底部形态与顶部形态相对，不过是顶部的反向运行，包括 V 形底、双底、三重底和头肩底。如果它们是一一对应的关系，反映在股价上的变化同样适用于 DIF 线。反过来也一样，DIF 线上的这些变化总是领先股价或者至少与股价同步。在形态学上，DIF 线的变化与以前一样，并无二致。接下来我们通过图例讲解 DIF 线在形态上的变化。

图 4-18 所示为甘化科工（000576）在 2021 年 7—10 月的日线图。我们看到股价在图中水平线上方的区域内形成了一个双头的顶部形态，与此对应的是在 DIF 线上也形成了一个双头的顶部形态。但 DIF 线的颈线突破导致头部确立的时间比股价突破颈线导致头部确立的时间要早得多。如果我们掌握了 DIF 线在形态上具备的领先功能，就能做到提前离场，避免损失。

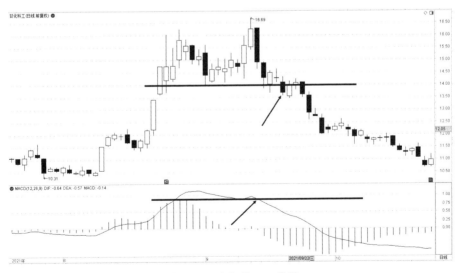

图 4-18　甘化科工日线图

图 4-19 所示为贵州轮胎（000589）在 2020 年 12 月—2021 年 10 月的日线图。我们看到价格在高位形成了双头形态，随后跌破了形态的颈线位，这预示着头

部的确立。但指标 DIF 线确立双头形态要提前 2 个月。

图 4-19　贵州轮胎日线图

我们再来看看底部形态图例。图 4-20 所示为焦作万方（000612）在 2021 年 5—9 月的日线图。图中，股价和 DIF 线在同一时期都形成了双底的底部形态，但 DIF 线突破颈线的时间要比股价突破颈线早几个交易日。几天的时间虽然不算很长，但对于普通投资者来说，足以有充裕的时间提前进场。

图 4-20　焦作万方日线图

图 4-21 所示为高新发展（000628）在 2021 年 4—9 月的日线图。我们看到当价格回落到相对底部的位置时，价格形态表现得并不十分明显，让人很难辨识。但同时期指标的底部形态却清晰可辨，是一个"头肩底"形态。当指标 DIF 线突破形态颈线时，预示着底部确立。

图 4-21　高新发展日线图

看到这种成功的实例，读者或许已经心潮澎湃，跃跃欲试了。但我们要知道任何事物都不是绝对的，我们不能光看到其好的一面，还要看到其失败的一面。不要忘记我们之前总结过的，在 DIF 线上做趋势线，它的突破并不意味着股价一定会跟随这种走势，二者不是绝对的关系。

图 4-22 所示为厦门信达（000701）在 2021 年 2—11 月的日线图。我们从图中可以很清楚地看到，股价和 DIF 线在方框标示的地方分别走出了"头肩底"的形态，后市也分别突破了各自的颈线位。按照形态学理论，这应该是一个很好的买点。但我们看到，股价在突破后并没有上涨多少，仅仅几个交易日便开始扭头向下，说明这是一次失败的操作。

看过了这幅失败的图例，我们是否清醒了许多，是否意识到证券市场上没有什么只赢不输的必杀技？那些所谓股市必胜的秘籍说到底不过是虚妄的想象而已。

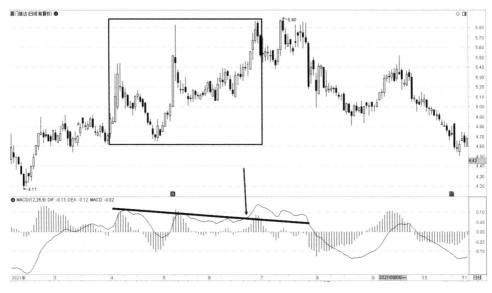

图 4-22　厦门信达日线图

4.3.2　DIF 线的两种结果

单一的技术条件对行情的预判一定有其局限性，因为它观察市场的角度缺少变化，但如果同一种技术工具在不同的市场状况下都指向同一个结果，这反而需要我们慎重考虑。证券市场很奇妙，它具有自我修复的功能。在证券市场上每个人都会犯错，但如果同样的错误你连续犯上两次，其结果却不一定就是错的。

DIF 线的趋势领先性不单单反映在趋势上，还反映在形态上。要知道趋势的转折是一个过程，尤其在市场的底部，不可能简简单单地就反转成功，因为市场内在的力量会促使它沿着原来的方向前进。当一种外力作用于原有的趋势，两种力量一定会反复争斗，此消彼长，这种情况反映在股价上就会有以下两种结果。

第一种，在趋势的转折处，多空双方的博弈会让股价呈现出某种形态。当形态被打破后，意味着趋势最终发生了转折。

第二种，当一方力量强大到足以扭转原有趋势的时候，股价会做出剧烈的、与原有方向相反的动作，从而向市场传递出一种反向信号，促使旁观者进场，参与到新的趋势中。

无论哪一种情况出现，具有趋势领先功能的 DIF 线一定会先知先觉，只要我们能够读懂它传递给我们的信息，我们就可以把握先机，提前布局。

通过上面的分析，相信有的读者已经有所领悟，这种信息就是将趋势与形态相结合，或是将趋势进一步深化，如此我们就能做到提前发现趋势，进而操作成功。如何才能做到这一点，我们会在指标的操作环节向大家详细介绍。

4.4　DIF 线的操作

古人云："读万卷书不如行万里路。"可见，实践是掌握技能最直接、最有效的方式。DIF 线的操作相比 MACD 指标其他的操作技巧，显得有些抽象和生涩，不太容易理解。因此我们就更有必要通过实践来加以理解和消化。

DIF 线的操作共分两大类：一类是趋势与形态的结合，也叫作趋势的自我强化；另一类是沿着既定的路线行走，对下一个支撑或阻力进行突破，这叫作趋势的自我深化。按照空间位置的不同，每一类都可以细分为顶部的操作和底部的操作。

4.4.1　趋势的自我强化

形态是趋势的过渡阶段，当然这种过渡并不意味着趋势的终结，也有可能是趋势的休整。随着休整的结束，趋势会继续按照它原有的轨迹运行。这种现象同样会带给我们操作机会，但不属于 DIF 线的范畴，因此不在本章讨论的范围内。我们讨论的是假定在形态最终破位后，趋势上的转折给我们带来的机会。

我们先从底部买点谈起，因为有了好的开始，就意味着我们成功了一半。

图 4-23 所示为天山股份（000877）在 2021 年 3—9 月的日线图。我们看到图中上下的两条趋势线分别对应着价格和 DIF 线，二者的取点是对应的关系。切记这是原则，绝不能出错。我们看到当 DIF 线突破自身的下降趋势线时，股价并没有与指标同步，反而还出现了创新低的走势。这样的市场表现给我们的第一感觉就是下跌趋势的力量依然很强大。后来我们看到，虽然股价创出了新低，

但DIF线并没有认可股价的表现,反而在方框标出的区域内走出了一个"头肩底"的形态,并最终突破了这个形态的颈线位。价格与指标的表现截然不同,注定其中的一个是对的,另一个是错的。实战中指标的这种自我强化表现要引起我们的高度重视,它预示着指标已经达到一个临界点,市场即将要做出一个究竟谁对谁错的选择。我们看到几天后价格开始与指标同步,对下降趋势线进行突破。如果说不明白DIF线功能的投资者此时对股价的突破还抱有某种疑虑的话,我们一定要有充足的信心,在这个时点开始买入。当然,激进的投资者在股价进行横盘整理时也可以开始买进,这比股价正式突破提前了4天。

图 4-23 天山股份日线图

我们再来看一个例子。图 4-24 所示为大亚圣象(000910)在 2021 年 4—9 月的日线图。我们看到图中上下两条趋势线分别对应着价格和 DIF 线,二者的取点是对应的关系。当 DIF 线突破自身的下降趋势线时,我们看到股价并没有与指标同步。这样的走势给我们两点感觉:一是下跌趋势惯性依然存在,空方的力量依然很强大;二是指标弱势的表现或许说明我们不应期望过高。后面的行情指标虽然不能代表价格,但毕竟是价格的影子。影子如此疲弱,真身也好不了多少。在 DIF 线滞后几天后,我们看到股价终于开始有所动作,只不过不是强有力的突破,而是以温和的方式突破了下降趋势线。此时在副图水平线的位置上,DIF 线自身走出了一个双底的形态,随后又突破了双底形态的颈线位。

指标以这种自身强化的方式，支持了股价的运行。学会了此种技巧后，在今后的实战中当我们再次看到此种情形出现时，还会犹豫吗？

图 4-24　大亚圣象日线图

看过了趋势与形态结合的买点实例，接下来我们看一下在市场顶部趋势与形态相结合的卖点表现形式。

图 4-25 所示为诚志股份（000990）在 2021 年 6—11 月的日线图。图上的两条上升趋势线分别是由股价和指标的低点连线形成的。我们看到当 DIF 线跌破自身趋势线时，股价有同步反映迹象，但在碰触到上升趋势线后受到强烈的支撑，转而进一步上扬。此时 DIF 线依然进行着自我强化，在副图中第二条标注线的位置做出一个头肩顶形态，并跌破了这个形态的颈线位，这预示着指标头部的确立。股价或许受到了感染，开始反复地徘徊，并最终在 10 天后跌破了上升趋势线。如果说股价在高位徘徊时，手上有股的投资者看到趋势没有遭到破坏而依然可以持股，那么当价格与指标最终共振时，就是我们最好的卖出时机。如果你没有掌握这种操作技巧，我们再来看一个例子。图 4-26 所示为 ST 中捷（002021）在 2021 年 4—8 月的日线图。两条清晰可见的上升趋势线分别对应着股价和指标。我们看到在指标跌破上升趋势线后，股价根本未受影响，甚至又上升了一小段。但在 DIF 线开始自身强化，走出副图中水平线位置处的双重顶，并随后跌破形态颈线后，股价的走势在滞后了几天后以大阴线的方式开始破位，

这也意味着上升趋势已经终结。

图 4-25　诚志股份日线图

图 4-26　ST 中捷日线图

下面我们就 MACD 指标中 DIF 线自身趋势结合形态的操作进行总结。

底部买点操作如下。

（1）在下降趋势中选取与股价同一点位的高点做出下降趋势线。这条趋势线可以由下跌趋势中的两个高点确定，也可以由下跌趋势中的多个高点确定。

（2）如果市场确实处在底部区域，具有趋势领先功能的DIF线会提前突破下降趋势线，并且随后会自身强化，走出诸如双底、头肩底等经典的底部形态。

（3）在DIF线领先股价，突破自身形态颈线后，预示着MACD指标已经完成了由下跌转为上升的趋势转化。

（4）激进的投资者可在指标完成整个的形态突破后进场参与，稳健的投资者可在股价后出现确认信号时再开始进场。

（5）在进行买点的确认时，成交量是一个重要的参考指标。

顶部卖点操作如下。

（1）在上升趋势中选取与股价同一点位的低点做出上升趋势线。这条趋势线可以由上升趋势中的两个低点确定，也可以由上升趋势中的多个低点确定。

（2）如果市场确实处在顶部区域，具有趋势领先功能的DIF线会提前突破上升趋势线，并且随后会自身强化，走出诸如双顶、头肩顶等经典的顶部形态。

（3）在DIF线领先股价突破自身形态颈线后，预示着MACD指标已经完成了由上升转为下跌的趋势转化。

（4）激进的投资者可在指标完成整个的形态突破后逢高离场，稳健的投资者可在股价随后出现确认信号时开始清仓。

（5）趋势在顶部的转化过程中，指标与价格之间经常表现出明显的差异，可一旦二者的运行格局由分歧转为一致，由于股价自身重力的影响，随后的下跌都会以连续的、较快的方式运行。因此信号出现后，特别是股价确认的信号出现后，投资者务必尽快离场，不要做过多的耽搁。

4.4.2 趋势的自我深化

在前面的章节中，我们着重讨论了趋势线穿过的高低点在未来趋势反向运作过程中分别承担着支撑和阻力的作用。如果MACD指标中的DIF线在领先股价对趋势线进行突破后，又对和它相邻的高点或低点的阻力或者支撑再次突破，说明指标反映出的内在的上升或者下跌的动力已经十分强大,预示着当前已经进入针对原有趋势的反向运行阶段。

下面我们就通过图例向大家讲解一下趋势自我深化这种模式下的买卖操作。

我们先从买点开始,毕竟这是大家最为关心的。图4-27所示为七匹狼(002029)在2020年7月—2021年6月的日线图。我们看到图中有两条下降趋势线,绘制的原则是采取上下对应的相同高点作为趋势线的定点,分别代表股价和指标。当具有领先性的DIF线开始对自身下降趋势线进行突破时,股价只是略靠近下降趋势线,并没有激烈的动作,这说明空方力量还相当强大。随后我们看到,DIF线开始进行自我深化,攻击与它相邻的趋势线,趋势线穿过最后高点的阻力,并突破成功,股价很久之后才突破了水平压力位。

图 4-27　七匹狼日线图

我们再来看自我强化导致趋势逆转的实例。图4-28所示为达安基因(002030)在2021年1—6月的日线图。我们看到图中两条趋势线是上下对应的高点所产生的。在DIF线开始突破下降趋势线时,股价几乎同时上破下降趋势线,但股价并不是强烈冲击下降趋势线,而是慢慢飘出下降趋势线。DIF线开始自身深化,进一步突破了邻近高点的水平阻力后,股价大约在一个半月后才突破水平阻力位。

第4章 | 趋势的先行者——指标的DIF线

图 4-28 达安基因日线图

看过了买点模式后，我们再来看看卖点的操作。图 4-29 所示为沧州明珠（002108）在 2021 年 6—9 月的日线图。图中有两条上升趋势线分别对应着价格和指标，选取的是同样的低点。我们看到一轮行情展开后，价格在顶部盘旋的时候，指标 DIF 线率先跌破了上升趋势线。如果说股价此时表现还算强势的话，随着 DIF 线走出自我深化的走势，跌破低点的水平支撑后，股价受到了压力，开始下跌，并一度跌穿了上升趋势线。或许是因为主力出货不顺利，或许是出于其他原因，在股价岌岌可危的时刻，主力将股价再次拉起，来个虚晃一枪。看起来像是调整结束，但一去不回头的指标已经说明了主力做出的一切动作不过是欲盖弥彰，股价还是跌破了上升趋势线，宣告了上升趋势的终结。

我们再来看一个指标自我深化导致趋势转化的实例。图 4-30 所示为三钢闽光（002110）在 2021 年 5—11 月的日线图。我们看到图中两条上升趋势线分别代表着股价和指标，选取的低点都是同一点位一一对应。当指标 DIF 线在顶部跌破上升趋势线时，股价也在疯狂下跌，但指标下破上升趋势线更早一些。如果说此时因为趋势尚未终结，持股者暂时还可以持股的话，那么当指标 DIF 线走出自我深化的走势，又跌破趋势线低点的水平支撑，特别是当股价在滞后近一个月后开始跟随先行者的脚步跌破了水平支撑时，投资者一定要尽快离场。由图中可见，指标下破水平支撑位的时间要比股价破线提前得多。

图 4-29 沧州明珠日线图

图 4-30 三钢闽光日线图

下面我们对 MACD 指标中的 DIF 线趋势自身深化的操作进行总结。

底部买点操作如下。

（1）在下降趋势中选取与股价同一点位的高点，做出下降趋势线。这条趋势线可以由下跌趋势中的两个高点确定，也可以由下跌趋势中的多个高点确定。

（2）如果市场确实处在底部区域，具有趋势领先发现功能的DIF线会提前突破下降趋势线，并且随后会自身深化，进一步突破距离低点最近的相邻高点的水平阻力。

（3）在DIF线领先对邻近高点水平阻力突破后，预示着MACD指标已经完成了由下跌转为上升的趋势转化。

（4）激进的投资者可在指标完成自我深化的过程、突破高点水平阻力后进场参与，稳健的投资者可在股价随后出现确认信号时再开始进场。

（5）在进行买点的确认时，成交量的因素是一个重要的参考指标。

顶部卖点操作如下。

（1）在上升趋势中选取与股价同一点位的低点，做出上升趋势线。这条趋势线可以由上升趋势中的两个低点确定，也可以由上升趋势中的多个低点确定。

（2）如果市场确实处在顶部区域，具有趋势领先发现功能的DIF线会提前突破上升趋势线，并且随后会自身深化，进一步突破距离高点最近的相邻低点的水平支撑。

（3）在DIF线领先对邻近低点水平支撑突破后，预示着MACD指标已经完成了由上升转为下跌的趋势转化。

（4）激进的投资者可在指标完成自我深化的过程中、突破低点水平支撑后开始离场，稳健的投资者可在股价随后出现确认信号时开始清仓。

（5）趋势在顶部的转化过程中，指标与价格之间经常表现出明显的差异，主力为了掩护自己出货的真实目的，往往在真正下跌前制造出虚晃一枪的假象来迷惑投资者，这时投资者切不可轻易进场接盘。一旦股价与指标由分歧转为一致，由于股价自身重力的影响，随后的下跌都会以连续的、较快的方式运行。因此信号出现后，特别是股价确认的信号出现后，投资者要尽快离场，以免贻误先机，惨遭套牢。

4.5 实例分析

MACD指标中有两条均线，分别是DIF线和DEA线。实战中如果投资者采用本章介绍的方法，刚开始可能会觉得两条线看起来有些凌乱，并感觉在最重要的 DIF 线上作趋势线也不直观,这里向大家介绍一种方法来解决这个问题。

现在市面上免费的证券分析软件本身都带有函数功能,可以方便投资者根据自身的投资理念编辑或修改一些技术指标,其中一个函数是 NODRAW,使用它能够使指标上的线条隐藏起来,这样就可在指标中只保留投资者想要留下的均线。

例如,MACD 指标,如果投资者只想要保留 DIF 线而将 DEA 线隐藏,那他只需在表现 DEA 线的语句后面缀上 NODRAW 函数,就能达到目的。修改后的 MACD 指标源码如下:

DIF:EMA(CLOSE,12)-EMA(CLOSE,26);
DEA:EMA(DIF,9),NODRAW;
MACD:(DIF-DEA)*2,COLORSTICK;

大家可以将源码复制下来,利用软件的公式管理器功能新建一个指标。当然,大家也可以直接在软件自带的 MACD 指标上进行修改,以达到想要的效果。

4.5.1 止损设置

进行止损设定的目的是在发生错误的操作时,投资者能够及时纠正自己的错误,避免自己的损失被进一步放大。涉及本章内容操作的止损设定,就是错误地认为底部成立而买进和错误地认为顶部来临而卖出。会发生这样的错误,是因为 DIF 线反映的趋势只是价格的影子,它的突破并不意味着股价一定会跟随这种走势,二者不是绝对的关系。

为了防止出现这种错误,我们无论是在操作趋势的自我深化时,还是在操作趋势的自我强化时,除了尽量在价格发出确认信号时再操作之外,还要在展开操作后严格地设置止损。由于我们利用的是 DIF 线针对趋势的领先功能,因此操作的都是趋势的转折,这就为我们设置止损提供了一个很好的设定条件。

趋势底部操作的错误表现自然是买入后股价没有出现预期的上涨,反而发生了下跌。此时我们的止损位置设置在原先下跌趋势的低点,一旦低点被跌破,则意味着新一轮的杀跌已经开始,我们要立刻认错出局。

趋势顶部操作的错误表现自然是卖出后股价没有出现预期的下跌，反而发生了反向的上涨。此时我们的止损位置设置在原先上涨趋势的高点，一旦高点被重新突破，意味着新的一轮上涨已经开始，我们要勇于认错并重新买入。

4.5.2 实例

相对于 MACD 指标诸多的使用技巧，DIF 线的趋势领先功能并不为人所知，究其原因，或许在某些地方，DIF 线的表现形式被市场上的投资者误认为是与股价的背离，以至于没有发现 DIF 线的自我强化和自我深化功能。希望阅读此书的投资者在今后的投资生涯中能够充分认识到 MACD 指标的这一独特品质，提前发现趋势的转折，真正实现买低卖高的愿望。

下面我们通过两个案例系统地讲解使用 DIF 线进行操作的要点。

案例一：电投能源的操作。

2011 年的 2 月，指数在经历了一轮缓慢下跌后迎来了希望，开始进入恢复性的上涨阶段。之前的市场环境是以包钢稀土为代表的稀土永磁概念受到市场的追捧，各路人马都扎堆于此进行炒作，可谓如火如荼。在大盘转暖又有市场热点的背景下，笔者开始选股，在浏览稀土永磁板块相关股票的时候，电投能源进入了笔者的视野。

图 4-31 所示为电投能源（002128）当时的图表形态。在经过了前期一轮明显的上涨后，股价在高位回调至涨幅的一半左右时进入了整理阶段。整理形态本身是没有方向的，需要看进入整理形态前的方向是什么。如果前期是上涨的，经过整理后股价大多会沿着原来的方向前进，当然也有少部分会选择与原来趋势的相反方向。我们来看看 MACD 指标能够给我们带来什么。

图 4-32 所示为电投能源（002128）后面的走势图，DIF 线在突破自身下降趋势线的同时，很快突破了趋势线高点的水平阻力，实现了趋势的自我深化。与此同时，电投能源表现为一条涨幅为 0.58% 的小阳线，并且尚未突破下降趋势线。但我们知道指标的动作领先于股价，所以笔者选择在指标突破了横向水平压力位时买进。

图 4-31　电投能源选股图

图 4-32　电投能源买点图

图 4-33 所示为股价当天突破时的分时买点图，全天震荡，股价走势本身表现并不出色，但我们依据指标判断，只要股价没有放量下跌，即可买进。

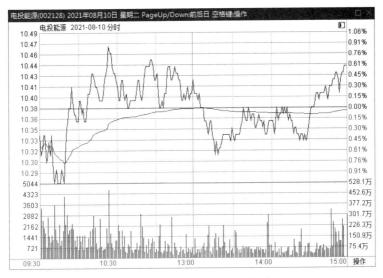

图 4-33　电投能源分时买点图

一旦展开买进动作，后面就面临两个问题：一是止损位的设定，二是卖点的选择。由于突破是以涨停板的方式进行的，而涨停板是股价最强势的表现，充分说明主力想要向上的态度，因此将止损位置设定在当天涨停板的最低价。

图 4-34 所示为后续的图表，我们来看一下如何确定卖点。指标下穿自身上涨趋势线后，短期内即下破前期低点的水平支撑位，股价同时下破上涨趋势线，两者同时给出卖出信号。卖点的位置几乎可以称得上是右侧信号中最好的位置。

图 4-34　电投能源卖点图

案例二：怡亚通的操作。

图 4-35 所示为怡亚通（002183）2020 年 6 月—2021 年 2 月的日线图，图中显示该股持续下跌。如此大幅度的下跌，如果出现反弹，可能比较暴烈。因此，我们把这种超跌股纳入视野。

图 4-35　怡亚通选股图

图 4-36 所示，为 DIF 线领先股价对下降趋势线进行突破，随后走出自我深化的行情，又对趋势线高点的水平压力进行突破。此时，股价还没有突破下跌趋势线。根据指标领先股价的原则，我们可以在此处先行买进，以前期低点 3.84 元为止损。

图 4-36　怡亚通买点图

图 4-37 所示为怡亚通（002183）在 2021 年 2 月 19 日的买点分时图，于临收盘时买入。全天分时图低开高走，开盘、盘中、尾盘都有放量拉升的迹象。

图 4-37 怡亚通买点分时图

展开了买进，也设好了止损，接下来就是如何顺利出局了，我们再看一下卖点的确定。

图 4-38 所示为怡亚通（002183）随后的日线卖点图。如果我们掌握了本章的内容，很容易辨识这幅图里面的卖点。图中的两条上升趋势线分别对应着股价和指标。当 DIF 线跌破上升趋势线时，股价还未跌破上涨趋势线；当 DIF 线形成双重顶跌破颈线时，股价也未跌破上涨趋势线。笔者选择在 DIF 线跌破颈线时全部清仓。接下来股价继续上行，再次冲高后跌破上涨趋势线。若笔者据此平仓，离场位置只比实际离场位置高一点，却需要再等一个半月的时间。提前在差不多的位置离场，节省了机会成本。

本章的内容到此就结束了，希望你能通过对本章内容的学习充分重视 DIF 线的趋势领先性，掌握 MACD 指标应用的新思路。也祝愿你在今后的操作中能够运用好本章介绍的技巧，先人一步发现趋势的转折，做到提前进出、先知先觉。

图 4-38　怡亚通日线卖点图

第 5 章 另类的买卖信号——DIF 线的再次平滑

　　MACD 指标是采用均线原理构造而成的，因此它与均线之间有着千丝万缕的联系。在指标的使用技巧中，很多与均线有关，如均线的金叉、死叉等。甚至有人开玩笑说，既然 MACD 指标是由均线演化过来的，不如就让指标代替均线，这样 K 线图上还可以添加其他的技术工具。虽然是玩笑，但其中蕴含的道理似乎也说得通。其实很多市场高手早已经这样操作，只不过是知而不言、秘而不宣罢了。那么这样做真的有作用吗？如果有作用，这种作用又体现在哪里？本章我们就来探讨这方面的内容。

○ 5.1 均线

如何才能做到用 MACD 指标来代替均线呢？很简单，就是利用指标线再次平滑的功能，将均线的作用投射在指标上并予以体现，从而达到指标均线化的目的。既然想做到指标均线化，我们首先要做的就是深入了解均线本身的作用，所谓"知己知彼，百战不殆"。只有这样，才能够在深入理解均线的基础上，实现我们的目的。

5.1.1 均线理论

均线是反映价格运行趋势的指标，由于它简单实用，目前已经成为全球各个商品市场通用的技术分析工具之一。全球的投资者围绕着均线的判市功能已开发出各种各样的使用技巧。均线之所以受到全球投资者如此热烈的欢迎，除了其本身能够很好地追随趋势，为投资者提供明确的买、卖点之外，最主要的是均线的计算方法决定了它能够反映市场上一段时间内的市场成本。在技术分析中，市场的成本原理非常重要，因为它是趋势产生的基础。市场中的趋势之所以能够维持，是因为市场成本进行推动。例如，在一段上升趋势里，市场的成本是逐渐上升的，而在一段下降的趋势里，市场的成本是逐渐下降的。

世上没有任何事物是十全十美、完美无瑕的，均线当然也不例外。如果说成本原理是均线的优势所在，那么武断性就是均线的缺陷。均线确实是一个很好的市场趋势跟随者，但前提是必须有人决定它的时间架构，而且这个时间架构必须是合适的。如果你用 5 日均线来反映市场的趋势，你会发现它的凌乱程度与价格波动相差无几，根本就不能反映趋势，其原因就是时间架构不合适。

图 5-1 所示为在主图上添加了一根 5 日均线的价格运行图。相信任何投资者在图上都看不出均线能够反映趋势的特点，5 日均线在图上表现得凌乱不堪，与其说均线能够反映趋势，还不如说是趋势决定了均线的方向。

图 5-1 添加了一根 5 日均线的价格运行图

均线的武断性还表现为它是个落后的指标，只能展现当下，而不能展现明天会如何。市场上我们经常看到这样的例子，某只股票头部迹象已经相当明显，股价甚至已经下跌了一段，但均线仍迟迟不发出明确的卖出信号，等到信号最终发出时，股价下跌的幅度已经让投资者很难承受了。

为什么会这样呢？这是由均线的特点决定的。

5.1.2 均线特点

概括起来，均线有如下几个特点。

第一，均线的周期。我们这里所说的周期指的是时间上的长短概念。均线在设置的过程中可以因人而异，比如有的人将 1 根均线舞得虎虎生风，有的人将 2 根均线用得如鱼得水，还有的人将 3 根均线使得称心如意，更有些人将 6 根甚至 12 根均线搭配成均线组，将趋势表现得淋漓尽致。

图 5-2 所示为 12 根指数移动平均线组成的均线组，其中 6 根短周期形成的均线组反映市场上短线投机者的行为，另外 6 根长周期形成的均线组反映市场上价值投资者的表现。这种均线的组合方式或许读者还不熟悉，它是由澳大利亚人戴若·顾比发明的，因此也叫顾比均线。顾比均线近年才被引入国内市场，对其感兴趣的读者可自行查阅相关资料。

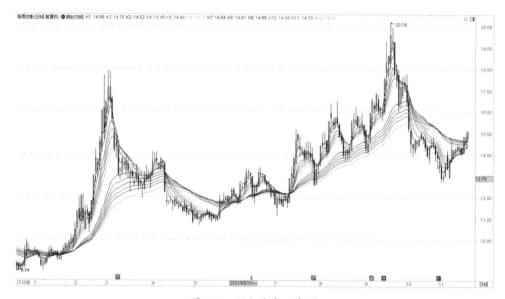

图 5-2 顾比均线示意图

如何使用均线是投资者个人的事情，我们无权干涉。这里笔者想说的是，不管你怎样去设置均线，都反映了你投资理念中的时间观念。当下市场中最普遍的均线设置方式就是按照短、中、长期的观念设置均线的参数，即用一根均线反映短期的市场波动，一根均线跟踪中期的市场走势，还有一根均线描述市场的长期趋势。如此一来，三根均线就构建成了一个均线系统，以此指导我们的操作。需要说明的是，短、中、长期是相对的，关键要看均线采用何种周期进行设置。如果采用软件常规的 5 日、10 日、20 日的均线组合，那么 5 日均线就是短期均线，10 日均线就是中期均线，而 20 日均线就是长期均线。如果投资者采用当下常用的 5 日、30 日、60 日的均线组合，那么这三个数字就分别代表短期、中期和长期的市场周期。

第二，均线的滞后性。均线的计算方式是将一段周期内的价格进行平均化处理，所以相对于价格的即时变化，滞后性是均线的天性。通常来说，越是长期的均线越能表现出趋势的特点，但正因为长期均线采用的历史数据较多，所以价格在单日的异常波动对长期均线来说根本不构成影响，滞后性在长期均线上表现得也更加明显。实战中的投资者要充分考虑均线的这种特性，尽量灵活处理，避免陷入僵化的误区。

第三，均线的助涨作用。均线的助涨作用其实就是成本原理在实战中的表达。这里的"助涨"有两层意思：首先是均线对价格本身产生的助涨作用；其次是均线间的助涨作用，即长周期均线对短周期均线有助涨作用。无论是哪一种助涨，只要能够被投资者善加利用，它都会为投资者带来许多可以操作的机会，并且这种机会相对来讲风险较小，这是因为其背后的逻辑关系就是市场中奉行的逢低买入原则。

图 5-3 所示为一张均线对价格助涨的示意图。价格走势图上添加的是投资者常用的 30 日均线。我们看到该股在这段上涨走势中，在图中箭头所指处出现了几处均线助涨的场面。这几个地方都是波段的低点，投资者若在此买入，风险较小而收益较大，均线助涨形态的威力由此可见一斑。

图 5-3　均线对价格助涨的示意图

图 5-4 所示为一张均线间助涨示意图。价格走势图上添加的是投资者常用的 30 日均线和 60 日均线。我们看到在图中箭头所指处，两条均线重叠在一起

但并未形成死叉,随后均线间的助涨作用显现,均线分开支持股价大幅走高。投资者若在均线重叠处买入,即使买在相对低位,也可以享受到飙股的乐趣。

图 5-4　均线间助涨示意图

第四,均线的助跌作用。均线的助跌作用同样反映了市场成本原理。在一个下跌趋势中,代表长周期市场成本的均线是向下运行的,当价格或者代表短周期市场成本的均线来到这个地方,就会促使长周期的市场成本由亏损转为保本,甚至可获微利,于是这部分成本就要从市场中脱身,强烈的卖压就会产生阻力,促使价格或者短周期市场成本改变方向。同助涨原理一样,这里的助跌也有两层意思:首先是均线对价格本身产生的助跌作用;其次是均线间的助跌作用,即长周期均线对短周期均线有助跌作用。无论是哪一种助跌,只要投资者能够善加利用,它就会为投资者带来阶段性的高抛机会,让投资者尽可能在高位离场。这种机会非常难得,因为高抛之后往往是股价的快速下跌。

图 5-5 所示为一张均线对价格助跌的示意图。图上添加的是投资者广泛采用的 60 日均线。我们看到均线在高位转而向下运行后,对股价今后的运行产生了强烈的压制作用。这种压制作用一共出现三次,前两次股价还想有所作为,一度突破了均线,虽然无功而返但精神可嘉。但到第三次的时候,价格已经对均线产生了畏惧,高点刚刚碰触下行的均线便立刻改变方向,最后居然演变成一轮暴跌。从中我们可以体会到,均线对价格的助跌作用。

图 5-5　均线对价格助跌的示意图

图 5-6 所示为一张均线间助跌示意图。图上有两条均线，参数设置为投资者常用的 30 日均线和 60 日均线。我们看到股价在下跌途中有一波反弹，并且带动了 30 日均线开始上行，但在图中箭头所指处，30 日均线遇到了下行的 60 日均线的反压，股价快速下跌，使得 30 日均线转而向下，延续了该股的弱势格局。

图 5-6　均线间助跌示意图

第五，均线的多空排列。关于这一点不用做过多的解释，相信市场上凡是在使用均线操作的投资者都明白它的含义。简单来说，这就是均线与股价之间的排列关系，它的作用就是直观地反映当前市场趋势的状态。如果均线在股价下方呈现出短、中、长期由上而下的顺序排列，我们称之为多头排列，代表当前市场趋势正处在良性的运行状态中。如果均线在股价上方呈现出短、中、长期由下而上的顺序排列，我们称之为空头排列，代表当前市场趋势正处于恶劣的运行状态。

第六，均线的交叉。均线的交叉是投资者在操作中使用次数最多的买卖信号。对于两条时间周期不同的均线，如果短周期均线由下向上穿越长周期均线，就是黄金交叉，其寓意就是可以给投资者带来利润；如果短周期均线由上向下穿越长周期均线，就是死亡交叉，其寓意就是可以给投资者带来亏损。假如投资者使用的是三根均线，则短、中周期的均线均由下向上穿越长周期均线，才能叫黄金交叉；至于死亡交叉，就是短、中周期的均线均由上向下穿越长周期均线。

5.1.3 均线法则

均线在投资界之所以有今天的地位，除了其理论通俗易懂之外，最主要的是它有一套完整的交易法则。投资者只要真正掌握这套法则，就无须再借助其他技术分析工具，便可独立操作。为此，我们要感谢创立这套法则的人，他就是20世纪美国著名的技术分析大师——葛兰碧先生。葛兰碧在20世纪60年代出版了《每日股票市场获最大利益之战略》一书，并在书中披露了他所使用的测市法则。由于葛兰碧测市时使用的技术工具是均线，且该法则共有八条，因此后来人们又把它叫作"葛兰碧均线八大法则"。此后这套均线法则广为人知，被人们普遍接受，并随着全球商品市场的普及，达到了今天无人不知、无人不晓的地步。

我们再来回顾一下这八大法则。

（1）当均线由下降逐渐走平或转为上升，此时价格从均线下方突破均线，为买入信号。

（2）价格虽跌破均线，但又立刻返回均线上方，此时均线如果仍然保持之前的上升态势，依然为买入信号。

（3）当价格趋势线走在平均线上，价格下跌并未跌破平均线且立刻反转向上，亦是买进信号。

（4）当价格突然暴跌、跌破，且远离均线，则有可能反弹上升，这也是买入信号。

（5）当均线从上升逐渐走平或转为下跌，而价格此时向下跌破均线，为卖出信号。

（6）价格虽然向上突破均线，但又立刻回跌至均线以下，此时均线若仍然保持下行态势，仍为卖出信号。

（7）当价格趋势线走在均线下，价格上升却并未突破均线且立刻反转向下，亦是卖出信号。

（8）当价格突然暴涨、突破，且远离均线，则有可能反弹回跌，这也是卖出信号。

下面我们以10日均线为例，通过两张图，看一下均线八大法则具体的表现与应用。

图5-7所示为平安银行（000001）2020年7—12月的日线图，图中展示了均线八大法则当中的四个买点信号。

图5-7　均线买点示意图

接下来我们来看一看均线的卖出信号。

图5-8所示为万科A（000002）2021年2—8月的日线图，图中展示了均线八大法则当中的四个卖点信号。

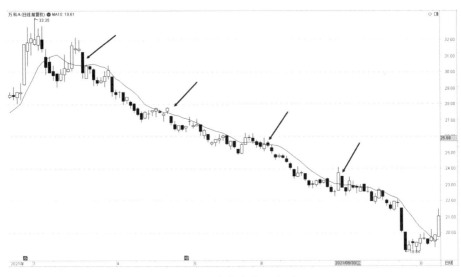

图 5-8　均线卖点示意图

需要说明的是,引用这两张图的主要目的是帮助大家直观地理解均线理论的买卖法则,并不代表笔者一定认同这种原则。

5.2　再次平滑

对均线有了大致的了解后,下面我们将讲解 MACD 指标再次平滑。要想使指标发生再次平滑,起到均线的功效,首先要对指标源码进行适当的修改,使其能够满足需求。

5.2.1　指标源码

MACD 指标的源码很简单,只有三句,具体如下:
DIF:EMA(CLOSE,12)-EMA(CLOSE,26);
DEA:EMA(DIF,9);
MACD:(DIF-DEA)*2,COLORSTICK;
这三句源码表达的是什么意思呢?下面我们来看指标的动态翻译。
第一句,输出 DIF:收盘价的 12 日指数移动平均减收盘价的 26 日指数移动平均。

第二句，输出 DEA：DIF 的 9 日指数移动平均。

第三句，输出平滑异同平均：以柱线形式画出（DIF 线——DEA 线）×2。

将指标源码及其解释对照着读。第一句话说的是两条均线的差值；第二句话就是我们想要的，它的意思就是对第一条线进行 9 天的平滑处理；至于第三句表达的是 MACD 柱状体的输出，其中 COLORSTICK 函数的意义是以柱状体的形式将数据在图表中表现出来。第一句是基础要保留，第二句是指标平滑的关键，第三句我们不需要。既然可以做 9 天的平滑处理，为什么不可以选择其他天数的平滑处理呢？要知道 MACD 指标的发明人阿佩尔先生并没有说过不能这样做。

有人说单纯使用一种技术指标观察市场是片面的、不完整的，因为市场的表现是多元的，甚至是混沌的。若用固定的、单一的技术指标去解释这个市场，得出的结论当然就是片面的，甚至是错误的。从这个角度出发，为了弥补单一指标的缺陷，应该通过指标组合来应对市场，以便解读不同的市场信息。

这句话说得很对，市场上就有人用均线配合 MACD 指标对行情走势做出预判，并且取得了很好的效果，其中的一种方法就是用 30 日均线的方向对 MACD 指标的金叉进行过滤。在 MACD 指标上通过再次平滑的方式实现指标均线化，如此一来不就是可以将均线与指标合二为一，从而实现指标组合带来的优势了吗？

有的朋友会说，自己对指标函数不了解，这样的想法实现起来很困难。其实很简单，既然指标源码的第二句说的是平滑功能，我们只需照猫画虎，在第二句源码下面按照它的格式添加上我们想要的均线参数就可以了。

我们尝试一下，指标的第二句源码是"DEA；EMA(DIF，9)"，我们如果想要在指标上反映 30 日均线，则再次平滑的语句是"DEA1；EMA(DIF，30)"。

这里有两点需要注意：一是新语句的开头不能与第二句的开头一样，不然软件无法识别；二是一旦这样做，它就是一个新的指标了，因此最好在软件里利用公式编辑器的功能新建一个指标。这样做的原因是如果你在原有的 MACD 指标上添加语句，尽管当时会出现你想要的结果，可是软件关闭后系统会将你的改动自动删除，恢复成系统默认的指标设置，你的努力将会付诸东流。

为了照顾不同群体的需求，下面我们用图解的方式讲解新指标的源码和设置新指标的过程。

新指标的公式源码如下：

DIFL:EMA(CLOSE,12)-EMA(CLOSE,26);

DEA:EMA(DIF,9);

DEA1:EMA(DIF,N);

MACD:(DIF-DEA)*2,COLORSTICK;

这里 N 是常数，你可以根据自己的需要设置均线参数。例如，若想要 30 日均线，就将 N 改为数字 30。

用鼠标点击软件最上面的菜单中的"工具"选项后，会弹出一个对话框；再单击"工具栏"选项，画面左侧或者右侧会出现一个图标，将鼠标放在图标上，会显示"公式管理器"字样。

按"Ctrl+F"键会出现图 5-9 所示的对话框，用鼠标单击"技术指标公式—其他类型"，再单击"新建"按钮。这一步完成后我们会看到图 5-10 所示的"指标公式编辑器"页面。我们将新公式的源码复制下来，粘贴到下方空白处，再给新公式起个名字，最后单击"确定"按钮确认操作。

图 5-9 "公式管理器"对话框

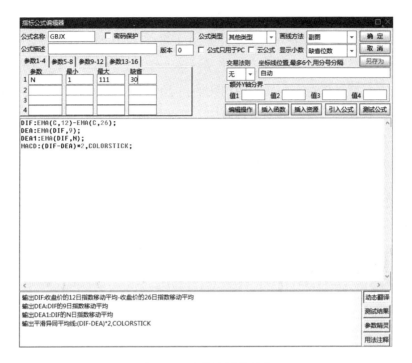

图 5-10　公式编辑器页面

你是否已经跃跃欲试了呢？让我们来看一下二次平滑的效果吧！

5.2.2　平滑效果

均线的种类很多，常用的有两种：一种是简单的移动平均线（MA），另一种是指数移动平均线（EMA）。由于二者的计算方式不同，因此在跟踪股价的变化上，指数移动平均线的表现相比简单移动平均线要及时、准确得多，这也是 MACD 指标采用指数移动平均线的原因。接下来，我们要以图例的形式对均线和指标进行比较，这需要我们按照统一标准进行比较，否则对比就没有任何意义。出于同样的原因，若无特别说明，本书所说的均线指的是指数移动平均线。至于两种均线的计算公式，因为与本部分内容无关，因此这里不再赘述。

有人利用 30 日均线对 MACD 指标的金叉形态进行过滤，这种方法过滤的标准是只有均线由之前的下跌转为走平甚至向上，才认可指标金叉是真实有效可以操作的信号，以此来提高指标金叉的正确率。这里我们就将 30 日均线移到指标上来，看看与原有的均线相比效果如何。

图 5-11 所示为中国长城（000066）2021 年 3—7 月的日线图。我们看到与原有 MACD 指标相比，新指标只是多了一条均线，其余并无二致，因此原有指标的功能完全可以保留。相比主图均线的拐点时间，新指标的均线会提前两天向上转向，给我们留下足够的进场时间。与此同时，指标原有两线金叉，预示着操作机会的来临。至于卖点信号同样清晰，在价格创出新高后，先是柱体背离，随后均线死叉均提示我们逢高离场。

图 5-11　中国长城日线图

再举一例。图 5-12 所示为吉林化纤（000420）2021 年 7—10 月的日线图。我们看到在左侧方框标示的区间，副图均线在多天前便领先主图均线开始走平，进而向上运行，也验证了指标金叉信号的有效性。在图中右侧方框标示的区间，副图均线同样率先下跌，并且两条指标线又先后下穿均线，进一步确认了指标死叉的有效性。

均线是反映趋势的，我们可以将均线理解为弯曲的趋势线。那为什么同样一根均线放在副图中就会发生这么大的改变，具有趋势的领先性呢？在第 4 章我们分析了 MACD 指标之所以具有趋势领先性，是因为指标中的 DIF 线具备这种功能。这里我们增添的均线，就是对 DIF 线再次进行平滑生成的，因此这种趋势领先的功能在新均线上同样得到了体现。

图 5-12　吉林化纤日线图

5.2.3　参数选择

上一部分我们通过实例展示了再次平滑的效果，相信大家对这种指标均线化的操作方式有了一点信心。接下来我们要面对新的问题：在实战中我们究竟该选择何种周期的均线呢？可以说，均线周期选择的问题是投资者在使用均线的过程中面对的最大困惑。因为每个人的操作理念不一样，每个人的操作偏好都不尽相同，所以我们在这里也不对大家有所要求，只是为大家提供一个大致的选择范围和思路。

MACD 指标的第一次平滑，发明者选择的参数是 9，这里我们就不要改动了，相信这个数字一定是发明者历经无数次的检验才最终确定下来的。由于 9 这个数字已经在前，相对而言，就没必要设置离这个数字较近的参数了。一般而言，市场上都把 30 日均线作为中期均线的首选，把 250 日均线看作股票牛熊转换的"分水岭"，因此我们将再次平滑的参数选择就放在 30 ～ 250 这个区间，在这个参数区间内可以自由选择你想要的均线。

在这个区间，市场上常用的均线几乎被一网打尽，但对于初次使用这种操作方法的投资者来说，难点在于选择的范围仍然比较广泛。这里有几点建议，希望对你有所帮助。

（1）按照你习惯使用的均线参数进行设置。例如，你习惯使用 30 日均线，那么再次平滑时就将均线平滑成 30 日均线，以此类推，只要你觉得方便就好。

（2）可以参考斐波那契数列来确定均线的参数，如 34，55，144 等神奇数字都是可以选择的均线参数。

（3）你可以进行多次平滑，将日常使用的均线全部在指标上予以显现。这么做的前提是，你要对指标均线化的买卖操作有深入的研究，以免盲目照搬带来操作上的损失。

（4）另辟蹊径，开创独有的操作技巧。你可以借鉴再次平滑的思路，独自进行探索和研究，说不定另有一片天地等待着你。到时你就可以独树一帜、自成一派。

○ 5.3 平滑操作

指标均线化偏重使用均线的操作技巧进行买卖操作，但在这过程中，我们千万不要忘记，MACD 指标才是我们的主体，是指标均线化的根本。如果放弃了这一点，我们不如直接使用均线，否则岂不是画蛇添足？在 MACD 指标中，DIF 线是一切功能的基础，无论进行多少次平滑，它的作用都不会消失。当然，如果你放弃适应它，那就是另外一回事了。

为了帮助读者更好地熟悉这种操作技巧，下面我们通过几个常用的均线的操作，讲解这种全新的指标演绎方式。

5.3.1 34 日均线

斐波那契数列包含了很多数字，其排列顺序为 0，1，2，3，5，8，13，21，34，55，89，144，233，这当中的某一规律就是数列中任意两个数字相加都等于后面的数字。除此之外还有好多的规律可以探究，但因为与本书内容无关，我们就不多说了。在这些数字中，21，34，55 和 144 要单独列出来，因为它们与我们经常使用的均线参数在某些方面有异曲同工之妙。例如：21 这个数字与我们常用的 20 日均线几乎重合；34，55，144 这几个数字也与我们经常使用的 30 日均线、60 日均线和 120 日均线参数相近，其功能和使用技巧也极为相似，有些时候可以替代使用。

因为均线原理相同，又彼此相近，所以将其移动到指标后，其功能和作用丝毫不会受到影响。这当中数字 21 由于距离指标参数 9 太近，因此我们选择将其舍弃，把 34 这个数字作为我们判断股价中期走势的一个参考均线。下面我们就通过一些实例来讲解 34 日均线的买卖操作技巧。

图 5-13 所示为海马汽车（000572）2020 年 8 月—2021 年 4 月的日线图。图中指标二次平滑的参数为 34，MACD 指标中 DIF 线具有趋势领先功能，当 DIF 线对下降趋势线进行突破的同时，金叉穿越了 34 日均线。这种穿越正是均线八大法则当中的第一买点，只不过是将股价换作了均线，但道理是一样的。相比股价对下降趋势线的突破，时间上整整提前了两天。如果说当 MACD 指标原有两条均线发生金叉，由于空间位置是在零轴下方，对于这种信号我们抱有怀疑，那么当 DIF 线再金叉 34 日均线，则能进一步确认信号的有效性。

图 5-13　海马汽车日线图

如图 5-14 所示，我们再看一下上涨后的卖点选择。当 DIF 线开始下穿 34 日均线的时候，我们看到股价跌破了上升趋势线，随后尽管股价略有反弹，但我们知道那不过是主力的虚晃一枪、再次诱多的骗局而已。由此可见，DIF 线死叉 34 日均线，就是确认的卖点。

图 5-14 爱尔眼科卖点示意图

我们再来看一个实例。图 5-15 所示为 *ST 东电（000585）2020 年 5—10 月的日线图。我们看到图中股价对下降趋势线进行了突破，与此同时，指标中的 DIF 线在同一天金叉穿越了 34 日均线，也暗示了股价未来趋好，这便可以确认股价的买点。

图 5-15 *ST 东电日线图

接下来看卖点的选择。图 5-16 所示为后续的卖点示意图。我们看到股价在经历了一波上涨后略有回落，随后又创出新高，在这一过程中指标却走出了与价格相背离的走势，形成了顶背离形态。顶背离预示着股价会下跌，但不知道它哪一天开始下跌，确认这一天的就是 DIF 线下穿 34 日均线。我们看到就在这一天，股价跌破了上升趋势线，确认了卖点的来临。

图 5-16 *ST 东电卖点示意图

通过上面的实例，我们大体知道了二次平滑后获得的 34 日均线的作用。下面我们将 34 日均线的操作技巧总结如下。

第一，通过 34 日均线的方向，可以过滤虚假的 MACD 指标金叉买入信号。如果这种金叉信号发生在 34 日均线持续下行的过程中，那可以当作主力诱多的手段，我们要做到隐忍不动。如果 34 日均线由下跌转为走平或上行，此时的金叉是比较明确的买入信号。当具有趋势领先作用的 DIF 线再次上穿 34 日均线时，则买点确认。

第二，34 日均线可以验证 MACD 指标死叉卖出信号。当 34 日均线由之前的上升转为走平甚至下跌时，预示着中级波段行情已经进入尾声，此时 MACD 指标会出现顶背离、指标死叉等顶部卖出信号。当出现这些顶部信号时，出于出货的需要，主力也许会维系股价在高位运行，不让其跟随下跌。但是当DIF线下穿34日均线时，则可以确认顶部死叉信号的有效性。

5.3.2　60日均线

60日均线在中国股市中具有非凡的作用，它是一轮中期趋势行情的生命线。感兴趣的投资者可以打开手上的软件看一下深沪两地市场的指数，你会发现，每当60日均线转而向上时，指数都会走出一轮中级趋势行情。可以这样讲，判定大势的一个简单指标便是60日均线。指数在60日均线下方运行，散户最好不要参与，只有当指数在60日均线上方运行时，才是散户大展拳脚的时候。

实战中有人喜欢用55日均线替代60日均线，这是出于对斐波那契数列的考虑。在斐波那契数列里面，55是一个重要且神奇的数字。需要说明的是，55这个数字应用在60分钟图表里面同样具有神奇的效果，因为一天有4小时交易时段，55个小时换算成日线，大概就是13天。而13天是斐波那契数列的另一个神奇数字，它在短线行情上的应用现在已经很普遍了。

还有的人喜欢用65日均线代替60日均线，这同样是出于对斐波那契数列的考虑。在国外市场，人们普遍认为13周均线最能反映股价的中期变化趋势，而一周有5个交易日，13周换算成日线周期，就是65天。由此可见，用斐波那契数列里面的数字作为均线的参数设置，具有科学的数学原理的。

不管是55日均线还是65日均线，其目的都是为了更好地反映价格的中期趋势，这一点与60日均线作用相同。因此究竟采用何种周期的均线，读者可以自行抉择。这里之所以采用60日均线，只是出于笔者习惯上的考虑。

下面我们通过几个实例讲解二次平滑后60日均线的魅力。

图5-17所示为奥园美谷（000615）2020年11月—2021年6月的日线图，图中二次平滑后参数为60，主图添加的同样是60日均线。我们看到相比主图的60日均线，副图的均线先于主图均线开始由上涨转为走平，当股价横盘震荡一段时间后，向上突破震荡区间。同时MACD指标中60日DIF线也在形成金叉后上穿60日均线，同时给出了买点信号。

第5章 | 另类的买卖信号——DIF线的再次平滑

图 5-17　奥园美谷日线图

看过了买点，我们再看一下卖点。图 5-18 所示为后续的运行图。股价在经历了大幅的飙升后出现了顶背离的现象，随后开始快速下跌。在图中的方框处，MACD 两条均线下穿 60 日均线，此时 60 日均线也由上升转为下降，表明中线趋势已经向淡。尽管股价后面还在做平台整理，但逐波走低的指标早已经预示了后面的结果，最后股价又继续下跌至这一波的起涨点。

图 5-18　奥园美谷卖点示意图

我们再来看一个实例。图 5-19 所示为银邦股份（300377）2020 年 4—9 月的日线图。在 60 日均线由下跌转为走平又转而向上后，该股显出了牛股风范，一路走强。在这一过程中，如图中显示的那样，在 60 日均线持续向好的情况下，每次 MACD 指标在 60 日均线上金叉，都是一个波段的低点，这种情况一共发生了 4 次。由此可以说明，中期趋势行情的逢低买点就是在 60 日均线上的金叉处。

图 5-19　银邦股份日线图

我们来看一下后续的卖点。图 5-20 所示为银邦股份后续的卖点图。我们看到在图中方框标示处，两条指标线先后下穿了 60 日均线，说明由此刻起，中期趋势开始向淡，随后股价略作反复便开始了漫长的下跌。其间指标一度有振作的迹象，但股价受趋势线压制明显，并没有跟随指标对趋势线进行有效突破，如此一来，受恐慌盘的打压，股价反而出现了快速下跌走势。为什么会这样？这说明市场上有人如我们一样，在用这种方法看盘，并在指标破位后采取了止损的措施。

看过了两个实例后，下面我们将 60 日均线的操作技巧总结如下。

第一，60 日均线起到的是中期趋势行情的判定作用，当 60 日均线由下跌转为走平进而上升后，预示着一轮中期趋势行情开始展开；当 60 日均线由上升转为走平进而下降后，预示着中期趋势行情开始向淡。

第二,当60日均线持续上行时,我们可以利用MACD指标的金叉功能展开买进动作。实践证明,此时买进信号的准确率很高,且基本可以买在波段的低点,从而可以实现逢低买进的意愿。

第三,相比34日均线,60日均线由于周期较长,因此在卖出信号上略显滞后,但由于它是中期趋势行情的"分水岭",因此一旦MACD指标的两条指标线全部下穿60日均线,反而预示着一轮中期趋势的杀跌即将展开,因此持股者要尽快离场,并且短时期内不要展开新的买进动作,以免遭受损失。

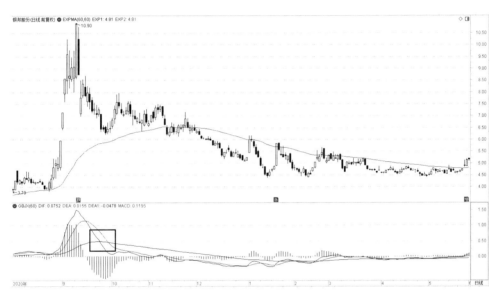

图5-20 银邦股份后续卖点图

在当前的投资者队伍中,完全以证券投资收益为主要谋生手段的职业股民的数量还相对较少,大部分股民都是上班族。虽然由于通信手段的发达,现在可以使用手机上网炒股,但工作期间总不能长时间盯盘,因此60日均线的操作技巧绝对适合这部分股民使用。

5.3.3　250日均线

年是个很重要的时间概念,上到国家大事,下到百姓生活,有很多都是以年为单位,因此说它的意义是很大的。

在证券市场上,年线经常被用来判断个股的牛熊转换。考虑到节假日的因素,我们一般把 250 日均线作为年线的时间参数。年线的时间周期很长，很少有投资者关注它，因此对于它在技术分析中起到的作用也就不是很了解。在均线中，250 日均线的主要作用是帮助投资者确定股票的底部。再次平滑后的年线，功能与原来差不多，也是确认股票的底部，但这个底是 MACD 指标的底。

在 MACD 指标的常规用法中，有一种使用技巧叫作底部二次金叉，其形态表现为：在相隔不是很远的时间内，MACD 指标先是出现了第一次金叉，股价略有反弹，但不久股价下跌，指标被再次打低；随后经过蓄势指标再次金叉，支持股价趋好。

我们来看个实例。图 5-21 所示为北信源（300352）2020 年 9 月—2021 年 6 月的日线图。我们看到图中 MACD 指标在出现第一次金叉后，股价并没有做出反应，相反还继续下行，造成指标在很短的时间内再次死叉向下；随后股价企稳，指标第二次金叉，这次股价开始趋好，开始展开波段行情。

图 5-21　北信源日线图

如果大家打开软件，多浏览几只股票就会发现，类似上述例子的这种形态不是每次都会成功，也就是说它的成功率不是很高。本例看起来是成功的，但以我们的标准来看其实它是失败的，因为有一道过滤系统并没有开启，这个过滤系统就是指标上的 250 日均线。

我们利用再次平滑功能把 250 日均线添加到指标上，来看一个案例。

图 5-22 所示为东土科技（300353）2020 年 8 月—2021 年 5 月的日线图，图中二次平滑的参数为 250。我们看到该股在下跌后指标开始出现金叉，可惜四次金叉后股价也未能走高，相反还创出了新低。为什么底部几次金叉的形态失效了呢？

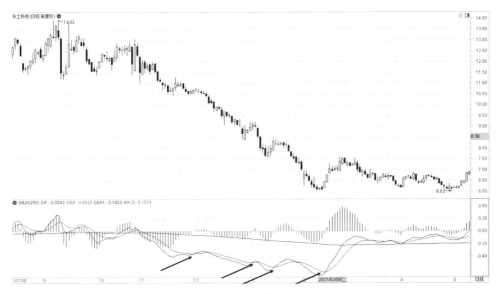

图 5-22　东土科技日线图

现在我们来揭晓答案，那就是当该股出现 MACD 指标底部二次金叉的时候，年线当时还处在负值状态。我们知道年线是个股的牛熊线，既然当时该股还处在负值状态，也就是其仍处于熊市状态，你怎么能期待它会表现得很好呢？因此，要想确保 MACD 指标底部二次或以上金叉形态成功，必须用 250 日均线首先对它进行过滤，通过的才是可靠的技术形态。过滤的标准是当 MACD 指标二次金叉时，年线一定为正值，即在 MACD 指标零轴上方。这里年线的方向不是很重要，即下跌也可，但走平和上行最好。

要注意，利用指标的再次平滑功能获取 250 日均线时，我们选取的均线函数是简单移动平均线，也就是 MA。其函数表达式为 DEA1:MA(DIF:250);。

图 5-23 所示为中来股份（300393）2010 年 11 月—2011 年 4 月的日线图。该股前期经历了一段明显的下跌走势，在图中箭头所指处，MACD 指标走出了底部二次金叉的形态，在指标出现第二次金叉的时候，年线正处在正值的位置，此时二次金叉为有效的买点。指标金叉时股价在 12.4 元左右，在金叉后短时间

内股价即上升到 23.66 元，可谓短线暴利。

图 5-23　中来股份日线图

图 5-24 所示为劲拓股份（300400）2021 年 5—8 月的日线图。我们看到在箭头所指的方框区域内，MACD 指标出现了二次金叉的形态。在指标出现第二次金叉时，年线正处在零轴上方的正值区间，预示着指标二次金叉形态成立。此后股价快速拉升，由第二次金叉时的右侧纵坐标中 20.5 元的参考数值一直拉升到 34.9 元，可谓短线暴利。

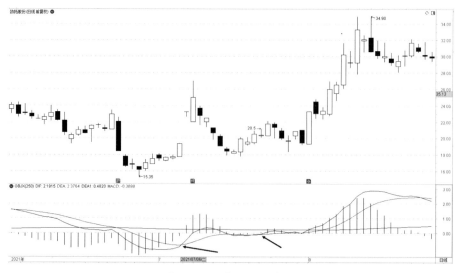

图 5-24　劲拓股份日线图

图 5-22 所示为东土科技（300353）2020 年 8 月—2021 年 5 月的日线图，图中二次平滑的参数为 250。我们看到该股在下跌后指标开始出现金叉，可惜四次金叉后股价也未能走高，相反还创出了新低。为什么底部几次金叉的形态失效了呢？

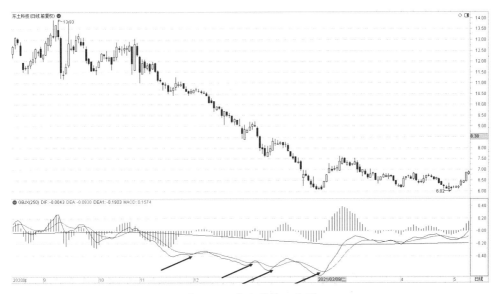

图 5-22　东土科技日线图

现在我们来揭晓答案，那就是当该股出现 MACD 指标底部二次金叉的时候，年线当时还处在负值状态。我们知道年线是个股的牛熊线，既然当时该股还处在负值状态，也就是其仍处于熊市状态，你怎么能期待它会表现得很好呢？因此，要想确保 MACD 指标底部二次或以上金叉形态成功，必须用 250 日均线首先对它进行过滤，通过的才是可靠的技术形态。过滤的标准是当 MACD 指标二次金叉时，年线一定为正值，即在 MACD 指标零轴上方。这里年线的方向不是很重要，即下跌也可，但走平和上行最好。

要注意，利用指标的再次平滑功能获取 250 日均线时，我们选取的均线函数是简单移动平均线，也就是 MA。其函数表达式为 DEA1:MA(DIF:250);。

图 5-23 所示为中来股份（300393）2010 年 11 月—2011 年 4 月的日线图。该股前期经历了一段明显的下跌走势，在图中箭头所指处，MACD 指标走出了底部二次金叉的形态，在指标出现第二次金叉的时候，年线正处在正值的位置，此时二次金叉为有效的买点。指标金叉时股价在 12.4 元左右，在金叉后短时间

内股价即上升到 23.66 元，可谓短线暴利。

图 5-23　中来股份日线图

图 5-24 所示为劲拓股份（300400）2021 年 5—8 月的日线图。我们看到在箭头所指的方框区域内，MACD 指标出现了二次金叉的形态。在指标出现第二次金叉时，年线正处在零轴上方的正值区间，预示着指标二次金叉形态成立。此后股价快速拉升，由第二次金叉时的右侧纵坐标中 20.5 元的参考数值一直拉升到 34.9 元，可谓短线暴利。

图 5-24　劲拓股份日线图

看过两个实例后，下面我们将 250 日均线的操作技巧总结如下。

第一，由于 250 日均线参数较大，周期比较漫长，因此适用于对股价牛熊趋势的判断，同时在寻找股价底部区间方面有独到之处。

第二，在 MACD 指标底部二次金叉形态出现时，250 日均线可作为过滤器使用，即当 250 日均线处在指标零轴上方正值区间时，底部二次金叉形态才成立。

第三，250 日均线过滤后的底部二次金叉形态出现时，股价短时间易出现暴涨，只是这种信号在实战中出现的次数不多。

第四，250 日均线不适合做卖出的参考，因为其时间周期长，变动缓慢，等到指标下穿它时，股价已经跌得很深了。

5.4 实例分析

看到这里，相信你对指标均线化的操作技巧已经有了初步的了解，对指标如何进行再次平滑的函数添加也应该驾轻就熟了。本节我们就通过对一些实战案例的分析，再次体会这种操作技巧。在分析案例前，我们讲解止损的设置。

5.4.1 止损设置

本章内容的买点基本上都在波段的低位或者对趋势线的突破处，如这般形态的止损设置一般都以波段的最低点作为最后的止损点，若是你觉得波段低点距离买点空间太大，一旦止损将无法承受损失，那么可以找一些变通的方法。就是假若买点当日出现的是实体较大的阳线，那么这根阳线的最低点也可以作为止损的设置。当然，无论选择哪一种，首要的一点是不能满仓，这是买入的基本要求。那种赌博式的全仓买入也许能让你逞一时之快，但长久下来，结局注定不能让人满意。

5.4.2 实例

前文介绍了一些常用的均线的使用技巧，那么实战中究竟该如何设置均线参数呢？这个问题没有固定的答案。笔者的经验是，将均线周期设置在最能反映市场状态且为大多数投资者所认可的参数上，即60日均线。

这么设置的原因有以下几点。

首先，60日均线能够很好地反映一轮中期趋势的好坏。尽管当前中小投资者的技术分析水平不断进步，但相对而言，一般投资者还是只能在大盘背景向好的情况下进行操作，其收益才能有保证。如果大势不好，大多数中小投资者的操作业绩都不会很好。因此若将均线参数设置成60，既可保证对趋势的判断大体不会出错，还可利用线上金叉的技巧尽可能地捕捉到波段的低点，这样操作起来可以达到事半功倍的效果。

其次，相对于34日均线的买卖点，虽然60日均线在绝对买卖点上稍显滞后，但差别不是特别大。这对于以上班族居多的中小投资者而言，非但不是缺陷，反而增加了安全性和稳定性，未尝不是一件好事。

最后，与250日均线过滤后的底部二次金叉形态相比，虽然60日均线上的金叉在短线涨幅上不及前者，但其优势在于，在一轮中期行情中，线上金叉的信号可以多次出现，而前者信号出现的次数相对较少，因此可以积小胜为大胜。另外，60日均线的操作具有明确的卖点提示，而250日均线不具备此种功能，综合下来，60日均线更胜一筹。

当然，利用再次平滑功能进行指标均线化的操作绝不仅限于以上几条均线，还有更多的均线可以设置，如120日均线、144日均线等。当你对此种操作方式有了一定的研究后，还可以进行多次平滑，把你想要的均线全部在指标上反映出来，届时所需的操作技巧或许更加多变与复杂，这些都需要你自己去研究发现。下面我们就通过案例共同探讨60日均线全程的买卖操作。

图5-25所示为道氏技术（300409）2021年2—6月的日线图。我们看到价格图上有一条下降趋势线，在股价对这条趋势线突破几个交易日后，MACD指标的第二条指标线同时穿越了60日均线，这样就完成了双线的穿越。此时60日均线已经由之前的下跌转为走平，预示中期趋势行情开始向好。在给出信号当日收盘附近买进。由于波段底部距离买点较近，所以设置前期低点11.82元为止损点。

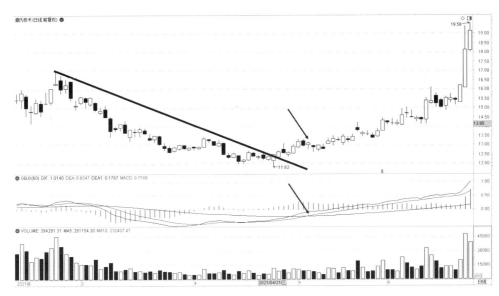

图 5-25　道氏技术日线图

图 5-26 所示为道氏技术（300409）于 2021 年 5 月 10 日买进当天的分时图。全天的分时走势虽然不是非常流畅自然，但进退之间也是中规中矩、扎实稳健，算是分时图中的中上品种。

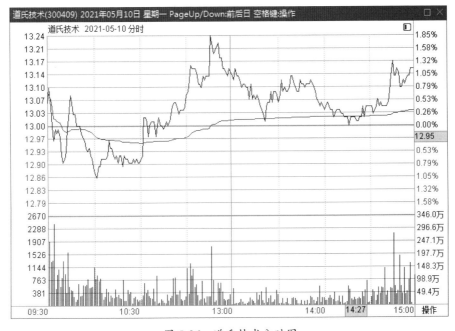

图 5-26　道氏技术分时图

图 5-27 所示为后续的卖点示意图。首先，MACD 指标出现了死叉，此时可以平仓。如果尚未平仓，后续走势虽然先后两次创出新高，但与 MACD 指标形成了顶背离，并且 MACD 指标两条线先后下穿了我们在指标中加入的二次平滑 60 日均线，种种迹象表明股价阶段顶部已现。

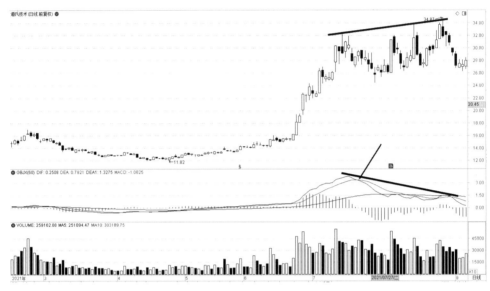

图 5-27　道氏技术卖点示意图

指标均线化的操作突破了 MACD 指标原有的操作套路，值得大家去探索研究。本章的内容相比其他的章节算是启发式的，主要是想抛砖引玉，进一步拓宽大家使用 MACD 指标的思路，也希望对此有深入研究的投资者对本章的不足之处予以批评指正。

第6章 主力欲擒故纵的经典形态——风洞

MACD指标是当前国内A股市场群众基础最广泛、使用得最普遍的一个技术指标,也是广大投资者在实际操作中最重视的指标之一。MACD指标自引入我国证券市场十几年来始终深受投资者的喜爱,并且在具体应用中显示出许多新的使用技巧。当然,与之相对应的,主力针对散户的反技术应用同样在发展。这一章的内容,我们就向散户介绍一种当前较为流行的针对MACD指标进行反向操作的技巧——风洞。

简单来说，风洞是 MACD 指标出现的一种形态。此种形态主要依靠指标里的两条均线完成：当指标中 DIF 快速线金叉 DEA 慢速线后，随即又在较短时间内反身向下死叉 DEA 慢速线；或者当指标中 DIF 快速线死叉 DEA 慢速线后，随即又在较短时间内反身向上金叉 DEA 慢速线，如此就构成了风洞形态。

如图 6-1 所示，图中方框内所标示的形态就是风洞。MACD 指标中两条均线先是快速交叉，随后在较短的时间内又快速反向交叉，由此在两条均线间留下了一个空洞，就像室外常见的宣传条幅上为风预留的圆孔一样，以此喻为风洞。

图 6-1 风洞形态示意图

风洞这种形态是主力针对 MACD 指标常规用法进行反技术操作的产物，此种形态并不仅限于 MACD 指标，在另一个市场常用的 KD 指标上也有类似的形态。其实无论哪一个技术指标，只要你能够了解它的构造原理并且有足够多的资金，都可以针对使用技术指标的人设计出这种陷阱。恰好市场上符合这两个条件的只有主力，于是散户又把这种行为叫作"技术指标骗线"。

6.1 风洞出现的基础和原理

针对技术指标的反技术操作这几年在市场上渐趋流行，并且越来越受到主力的重视，究其原因是市场环境的变化。在这个过程中散户所起的作用也不容小觑，散户的不断进步加剧了这种现象的产生，从这点上来说，散户"功不可没"。

6.1.1 反向操作出现的基础

广大散户对技术指标"又爱又恨"，爱的是技术指标简单易学、通俗直观，散户上手快，可以在较短的时间内完成由股盲到初学者的转变；恨的是技术指标分析技术易懂难精，并且变化较快。随着技术指标的普及程度越来越高，散户对技术指标的理解逐渐加深，主力机构便不断地变换手法，做出种种反技术的动作，使散户亏损加剧，从而使散户对技术指标的有效性产生了质疑。

这其实是市场中很正常的一种现象，毕竟在当前的A股市场，虽然机构投资者不断发展壮大，并最终会引导我国股市像国外成熟市场那样，演变成机构间的博弈局面。但在当下，散户投资者仍然是市场中的重要力量，其能量不可小觑。2007年股市"5·30"事件后，大部分机构都响应国家号召看空市场，但散户硬是凭借"储蓄搬家"的精神，将点位推到了5000点的上方，以至于最后机构空翻多，与散户共同创造出了6124点的历史新高。因此在一段时间内，笔者认为国内A股市场应该是机构与机构间、机构与散户间相互博弈共存的格局。

这种共存格局是由两种原因造成的。

第一，我国股市当前还不成熟，资本限制还未完全放开，市场依然处在一个半封闭的状态。虽然合格的境外战略机构投资者在当下可以通过QFII的方式进入国内市场进行A股投资，但批准进入的资金额度受到严格的限制与管控，因此对市场的影响力相对较弱。假使我国未来的资本限制逐渐放开，境外投资机构的资金一定会蜂拥而入，因为它们拥有丰富的成熟市场投资经验，其对我国市场的影响力将成倍放大。

第二，机构榜样力量缺失。在国际化的大背景下，中国的资本市场必将与国际资本市场融合，这是必然趋势。以往国内股市以散户参与为主，弥漫着浓郁的投机氛围，加上相关制度不够健全，上市公司造假成风，由此在这一特定历史条件下诞生了"庄股"，造成市场大起大落、波动剧烈。为了改变这种现象，引导市场逐步向价值投资的方式转变，相关部门逐步发展培育以基金为代表的机构投资者队伍，希望借此稳定市场，提高股民素质，为今后与国际资本市场的对接做好准备。

管理层为了呵护国内资本市场、保护投资者利益，可谓"用心良苦"。但事与愿违，良好的初衷并不意味着有良好的结果。纵观这几年国内机构投资者的表现，可以说是不尽如人意。他们非但没有像管理层希望的那样发挥出稳定市场的作用，反而屡屡涨时做多，跌时做空，放大了市场的波动。有的机构名曰价值投资，却又在短时期内不断低买高卖，频繁进行短线操作，与散户的投机行为基本无异。

另外，机构的操作水平也的确让人难以认同，不要说2008年的熊市会造成基金全行业的亏损，即便是相对偏空的市场，个别基金也会大幅亏损，但管理费用却照提不误。这种不关心"基民"死活、只顾自己快活的做法也确实让"基民"寒心，从而使其对机构投资者产生某种信任危机。由于机构未能用自身实际行动起到稳定市场兼具教育投资者的目的，造成市场榜样力量缺失，因此散户依然我行我素，不断进行投机操作。有些聪明的散户甚至以基金仓位的上升与下降作为反向指标，调整自身投资策略，形成与基金对做的局面。

近几年，散户经过市场牛熊的洗礼，操作水平和自身的心理承受能力逐渐成熟起来，对技术指标的运用也越发纯熟，简单的伎俩已经不能使散户轻易地为主力埋单了。再加上当前市场各种类型的机构云集，彼此间相互制约，由此使主力操作难度不断加大。主力要想生存，当然也要适应新的变化，不断调整做盘手法，因此出现了种种针对技术指标常规使用技巧的反其道而行之的变化。

下面我们来看3个主力针对均线、KD指标、MACD指标这3个最常用的技术指标进行反向操作的实例。

首先来看针对均线进行反向操作的实例。

图6-2所示为浩丰科技（300419）2021年9—11月的日线图。图中均线参

数的选择是常用的 5 日、10 日、20 日均线组合，这是市面上常见的证券分析软件中系统自带的均线设置参数。我们看图中方框内的一段价格走势，5 日均线、10 日均线分别金叉 20 日均线，20 日均线随后转而向上。按照均线常规用法，在这里分明出现了一个很好的买入机会。从图中可以看到，假如投资者真的在这里买入，随后的结局可以用"悲惨"两字来形容。

图 6-2　浩丰科技日线图

接下来看针对 KD 指标进行反向操作的实例。

图 6-3 所示为五洋停车（300420）2021 年 9—11 月的日线图。我们看到在图中标示的地方，投资者常用的 KD 指标在低位处出现了三次金叉。按照 KD 指标常规的使用方法，这三处地方都应该是投资者买入的地方。但如果依据 KD 指标在此处买入，非但赚不到钱，还很有可能面临亏损的境地。因为股价在这两个地方根本没有向上的动作，相反却萎靡不振，逐波下滑。

最后我们来看针对 MACD 指标进行反向操作的实例。

图 6-4 所示为力星股份（300421）2021 年 1—9 月的日线图。我们看到在主升段的前夕，主力在图中形成了一个明显的顶背离态势，诱骗不明就里的投资者抛出手中的筹码。在目的达到后，主力开始大幅拉升。

通过上述实例可以看出，只要主力愿意，任何指标都可以进行类似的反技术操作。

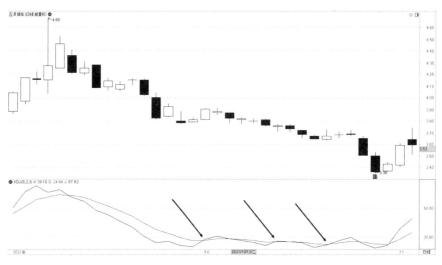

图 6-3　五洋停车日线图

图 6-4　力星股份日线图

6.1.2　风洞形态的原理

　　风洞形态经常出现在 MACD 指标当中，但平时容易被大家忽略，因为按照 MACD 指标的常规用法，我们一般将目光聚焦在指标中两条均线的金叉死叉，或与股价的背离上。即便是对 MACD 指标有一定研究的股民，也更关注在 MACD 指标与均线或其他指标的配合使用上，很少注意到风洞形态的存在。应该说这种信号隐藏着某种出其不意的味道，也可能是主力针对散户的操作刻意营造出的指标陷阱。当这种形态出现时，行情往往会迅速往相反方向逃逸，并让人措手不及。

想要弄清楚风洞形态背后的原理，单纯从指标本身入手是不行的。因为它是针对指标的反技术操作，已经偏离了指标的范围，因此我们需要从市场操作心理这个层面来加以研究。

现在市场上免费提供的供普通股民使用的证券分析软件的常见版本有大智慧、钱龙、分析家、飞狐、同花顺和通达信。打开这几种软件的指标分类，无一例外都将 MACD 指标划分到趋势类指标中，如此划分便是考虑到指标是依据均线原理构造的，而均线是反映当前趋势状态的最好工具。这也就不难理解，为什么市场上关于 MACD 指标的常规用法几乎都是围绕着指标里的两条均线展开的了。

既然使用技巧更多的是围绕着均线展开，那么均线的买卖原则当然也就是操作的首选。均线的创始人葛兰碧在他著名的"均线八大买卖原则"当中首先提到的就是均线的金叉买入。同理，MACD 指标均线金叉也是买入信号。

图 6-5 所示为 MACD 指标均线金叉买入、死叉卖出的示意图。指标金叉产生买入信号后，股价出现上涨行情。指标死叉产生卖出信号后，股价出现下跌，这是 MACD 指标的常规用法。

图 6-5　MACD 指标买卖示意图

可以说市场上的散户群体在使用 MACD 指标的过程中，大部分人的操作都是如图 6-5 所示的那样金叉买入、死叉卖出。即便是市面上的一些技术分析书，在介绍该指标时也都是如此说明的。这种使用方法大体上说应该没有什么错误，但它确实在某种程度上蒙蔽和误导了股民，使股民对指标一知半解，并且在操作中频繁失误。其原因就是这种指标用法太过笼统，且只能在理想的状态下使用。

问题在于市场是多变的，胜负取决于参与方相互博弈的结果，一方的盈利必定建立在另一方亏损的基础上。这种常见的指标用法散户知道，主力难道会不知道吗？既然主力知道，如果它想要赚钱，当然要针对指标的常规用法采取某种有效的措施，让指标呈现出不利于散户的局面，比如指标死叉，这样才能诱使散户犯错误。散户在固定思维的支配下，看到盘面已经出现不利于自己的局面后，会做出错误的判断，展开减仓或者止损的动作。这样，主力的目的就达到了。

这是一种欺骗的手段，但谎言注定要被揭穿。因此主力一旦达到目的，便在短时间内开展对自己有利的动作，否则市场的自我修复机制会将这种谎言变成现实，即市场的合力真的会让价格因为指标死叉而下跌。若真出现那样的结果，主力恐怕会"搬起石头砸自己的脚"。

6.2 风洞的种类

风洞只是 MACD 指标中的一种形态，由风洞形态的原理我们知道，它只能是一种存在时间相对短暂的形态。这种形态的作用就是出其不意、声东击西，假若持续时间很长，就违背了它的意义。如果把 MACD 指标的操作技巧比作一桌宴席，风洞形态不过是宴席当中的一道甜点而已。

6.2.1 风洞的时间确认

在划分风洞形态种类之前，我们首先要理解时间的定性。

我们已经知道风洞形态是主力欺骗散户的一种手段，因此待续时间不会很长。问题是究竟多长时间的形态才能叫作风洞呢？那就是 3 个交易日。只有在 3 个交易日内形成的特殊形态才能叫作风洞，若超出这个时间周期，就是单纯的指标交叉而已。

一般情况下，我们通过目视就可以正确地识别风洞形态，但有的时候，由于这种形态在图形上的空间反映得很小，加上我们在实际操作中总是将窗口设定为 3 个，因此图形被压缩得很厉害，导致有时候形态难以辨别。除此之外，我们还会遇到一些特殊的时点，这也需要我们在实战中对形态加以灵活运用。

图 6-6 所示为美康生物（300439）2021 年 8—10 月的日线图。在图中方框标示的区域，MACD 指标的柱状体极其微小，肉眼很难观察到，此种情况为投资者使用指标带来了不便。类似于图中这种情况，我们可以用两种方法来解决：第一种是将图放到最大，或者将窗口调整为两个，只在副图里保留指标，这样便于肉眼观察；第二种就是直接读取两条均线的数值，通过比较均线的数值大小来判断指标当前的状态。

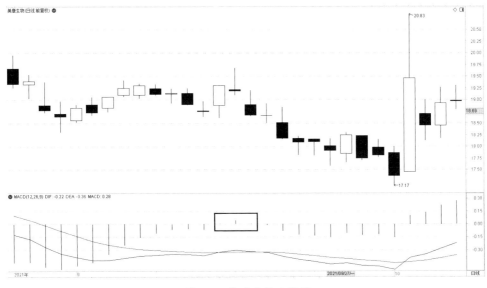

图 6-6　美康生物日线图

图 6-7 所示为立中集团（300428）2021 年 10—11 月的日线图。注意图中方框标注的形态及箭头所指的柱状体。按照风洞形态的时间要求，若算上这个柱状体，时间上就达到了 4 个交易日，那么这个形态就不应再算作风洞形态。面对这种情况，我们又该如何处理呢？

图 6-7　立中集团日线图

如果其中一根柱线为零，说明 DIF 线与 DEA 线相等，仍须把它看成符合条件的风洞。如果四根柱线的数值没有一根为零，则不符合条件。

6.2.2　风洞的种类划分

有人将 MACD 指标看作趋势指标，依据是均线原理；还有的人将 MACD 指标当作一个振荡指标，其理由是 MACD 指标有一条零线，均线始终围绕着零线做上下震荡的摆动，而这恰好是振荡指标的特征，就好比 KD 指标或者 RSI 指标。

将 MACD 指标看作哪一类指标都没有关系，指标的实质并没有改变，只不过是投资者在使用指标的过程中为了方便，侧重点略有不同而已。我们不妨暂时根据震荡指标的特点，以零轴为中心，按风洞形态出现的空间位置，将风洞形态的种类做一个简单的划分。

按照空间位置的不同，风洞的形态大体可以分为以下三类：

（1）零轴上方出现的风洞形态；

（2）零轴附近出现的风洞形态；

（3）零轴下方出现的风洞形态。

这样划分是为了让投资者很清楚地判别风洞出现的空间位置，但如果想要据此操作，恐怕投资者仍会觉得无从下手。当然，这不是要我们立刻否定按空间位置划分的方法，实际上它为我们从实战角度正确理解和运用风洞起到了一个很好的铺垫作用。

我们从市场多空立场的角度，再将风洞形态的种类做一个划分。指标反映的是价格的运行状态，而价格的运行状态是由两种力量共同创造出来的。正是这两种力量不停地博弈，市场才能不断变化，所以说只有变才是市场不变的规律。这两种力量，一个来自看好后市的多方，另一个来自看淡后市的空方。风洞形态按多空立场的不同，可以分为多头风洞和空头风洞两大类。

接下来用图例讲解多头风洞和空头风洞的具体形态。

图 6-8 所示为多头风洞示意图，图中方框内的走势为多头风洞。主力为了达到做多的目的，故意制造出价格下跌的态势，迫使指标死叉，造成散户误判市场并随同盘面一起卖出。主力正好反其道而行之，将这部分筹码吸纳后展开反向操作，拉升股价，从而让散户后悔。

图 6-8　多头风洞示意图

由此我们可以得出以下结论：当 MACD 指标中 DEA 线处于上升状态或由上升、下跌转为走平状态时，指标中的 DIF 线由上向下死叉 DEA 线之后，在 3

个交易日内又反身向上金叉 DEA 线,从而在两线之间形成一个空洞,此种形态称为"多头风洞"。

多头风洞可以视为主力为了达到做多的目的,在 MACD 指标上为投资者设下了一个反向的陷阱。但如果投资者能够识破这种伎俩,这就成为主力给予投资者的一个难得的买进机会。

图 6-9 所示为空头风洞示意图,图中箭头所指两处方框内的走势即为空头风洞。主力为了达到做空的目的,故意制造出价格反弹的态势,迫使指标金叉,诱骗散户误判市场,令散户认为波段底部形成并随同盘面开始买进。主力正好反其道而行之,将手中筹码抛给散户后反向展开杀跌动作,将散户套住。

由此我们可以得出以下结论:当 MACD 指标中 DEA 线处于下行状态或由上升、下行转为走平状态时,指标中的 DIF 线由下向上金叉 DEA 线之后,在 3 个交易日内又反身向下死叉 DEA 线,从而在两线之间形成一个空洞,此种形态称为"空头风洞"。

将可以空头风洞视为主力为了达到做空的目的,在 MACD 指标上为投资者设下的一个正向的陷阱。但对能够识破这种伎俩的人来说,空仓的可以不为所动,手中有筹码的则可以适当高抛,可以说给了投资者一个难得的反弹逃命机会。

图 6-9 空头风洞示意图

● 6.3 多头风洞的操作

在介绍完风洞的种类后，下面我们看看风洞形态在操作上究竟能带给我们怎样的投资机会。

需要说明的是，风洞形态只不过属于 MACD 指标中的一个使用技巧，它没有相对独立的系统操作性，不可以依此进行买卖。因此这里我们只是依据风洞的分类，介绍风洞出现后的应对策略。至于之后的卖点选择，因为已经偏离了风洞的范畴，大家可以自行加以确定。

6.3.1 零轴上的多头风洞

MACD 指标的一个特点就是可以依据零轴区分出市场的强弱，零轴为平衡区，零轴上方为强势区，零轴下方为弱势区。从这点上来说，零轴上方出现的多头风洞形态相对来讲属于强势，此形态通常是股价主升过程中主力快速洗盘完成后进入二次拉升的标志，在此买入后常常在短期内就可以获得利润。

图 6-10 所示为运达科技（300440）2021 年 9—11 月的日线图。我们可以看到在图中方框之前，股价有过一段拉升。在图中方框之内，MACD 指标在零轴上方出现了均线死叉，价格对应的是重心缓慢抬高的一个小平台。之所以价格不跌，是因为零轴上方属于强势区，因此价格表现强势。此种情况持续了两个交易日，符合风洞形态的时间要求，主力随后开始再次拉升。

所谓"来得早不如来得巧"，市场投资者特别是散户投资者，在股票短线买卖的过程中，对基本面的考量暂时可以忽略不计，决定操作能否成功的关键因素是对时机的把握。只要时机恰当，即便主力再狡猾，你也可以分取一杯羹。

图 6-11 所示为信息发展（300469）2021 年 9—11 月的日线图。我们可以看到在图中方框之前，股价有过一段拉升。在图中方框之内，MACD 指标在零轴上方出现了均线死叉。指标死叉持续了 3 个交易日，符合风洞形态的时间要求，随后主力再次开始拉升。

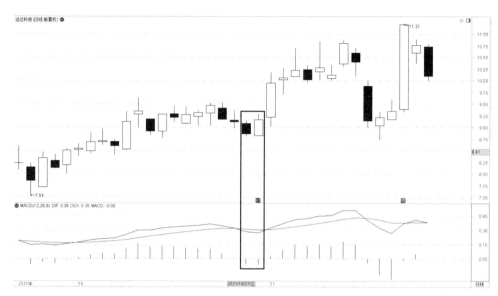

图 6-10 运达科技日线图

图 6-11 信息发展日线图

通过这两幅图我们感受到了零轴上方多头风洞的魅力,只要能及时发现并加以正确把握,它就能给我们带来可观的短线收益。当然,在运用这一形态前,还是要讲解一下该形态的要点,那就是成交量的变化。

要想使风洞形态确立,主力在制造出指标均线死叉后必须在短时间内开始拉升，至于指标均线死叉是 1 个交易日还是 3 个交易日都没有什么关系，那不过是主力控盘的需要。但在随后的拉升中，在能够确定风洞形态确立的那一天，其成交量必须有效地放大，同时价格也要突破风洞期间 K 线的最高价。因为这代表了主力的一种态度，即前面的风洞的确是主力的诱空行为，否则主力的动机便值得怀疑。

6.3.2 零轴附近的多头风洞

介绍完零轴上方的多头风洞后，下面我们介绍爆发力和持久力远胜于零轴上方多头空洞的另一种形态，即零轴附近的多头风洞。

此种形态通常是在中长期底部形成后，股价开始主升的标志。利润虽然丰厚，但在实战中并不常见。

图 6-12 所示为中科创达（300496）2021 年 8—11 月的日线图。在建仓区，主力经过一波拉高建仓后，开始回调，在零轴附近做出了方框内所示的风洞形态。时间为 1 个交易日，然后开始主升，股价由 120 多元一直拉升到 149.6 元。

图 6-12　中科创达日线图

下面我们再来看一个实例，感受一下主升前夕主力最后的洗盘。

图 6-13 所示为筑博设计（300564）2021 年 5—7 月的日线图。主力在主升

前进行的是平台整理形态，其目的是尽可能消化浮动筹码。待一切准备工作完成后，在图中方框内，主力利用两个交易日的时间做出了两次零轴附近的风洞形态。这波拉升由风洞附近的 21.8 元左右最终拉升到 24.66 元的高位，虽然幅度不大，但在两个交易日内有如此涨幅，速度也很快了。

这种形态的确立，一方面需要指标均线出现在零轴附近，另一方面要仔细观察股价总体的运作轨迹，主力在前期有一段建仓的痕迹。这种形态主要表现在成交量有一个逐渐放大的过程，股价配合开始拉高，随后开始缩量下跌，直至形态出现。当然，形态确立后买点的放量也是必不可少的一个环节。

图 6-13　筑博设计日线图

6.3.3　零轴下的多头风洞

MACD 指标零轴的下方代表的是弱势区。在弱势区的操作，我们的期望不能太高。同零轴附近多头风洞形态一样，零轴下方的多头风洞形态很少见，大多是股价自下降趋势阶段底部或下降趋势末端，上涨一段后回调结束再次上涨形成的。这时候股价的表现不稳定，后市很有可能会二次探底，因此在实战中，投资者对于零轴下方的多头风洞形态应该慎重使用。

图 6-14 所示为平治信息（300571）2021 年 9—11 月的日线图。零轴下方的

风洞,虽然也有看涨的意义,但在理论上此时的 MACD 金叉表示的是下跌阶段的反弹行情。虽然有些时候反弹最终演化为反转,但其力度不如零轴之上的风洞大。

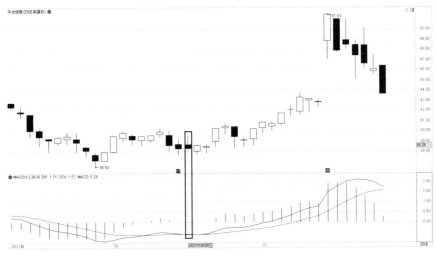

图 6-14　平治信息日线图

图 6-15 所示为海辰药业(300584)2021 年 6—10 月的日线图。该股在下跌的过程中,主力也曾做出努力,想营造见底的形态,于是在图中方框内制造出零轴下方多头风洞形态。无奈上方阻力太大,尽管大盘当时开始反弹,但该股已无力回天。

图 6-15　海辰药业日线图

当下跌趋势形成后，股价的下跌惯性很可怕。在下降趋势线没有被有效突破之前，投资者绝对不要贸然展开抄底动作。即便有突发的利好刺激，也应在设好止损位的前提下少量参与，不可恋战，要做到快进快出。

6.4 空头风洞的操作

要想全面把握事物的本质，就要多换几个角度对事物进行观察。前文按照空间位置的不同，探讨了多头风洞的种种奥秘，接下来让我们看一下市场空头是如何利用风洞这种形态进行表演的。

6.4.1 零轴上的空头风洞

MACD指标零轴上方意味着当前价格处在强势区，但这并不代表处在强势区的价格在后面都会有很好的行情。市场的表现形式如果真的这么简单，恐怕人人都不会亏钱。当然，若是那样，股市也要关门了。就好像风洞形态，一方面，零轴上方的多头风洞形态极有可能是主力在做盘时暴露出的破绽，让我们有了难得的赚钱良机，另一方面，它更有可能是主力为了出货故意为我们设下的圈套。

图6-16所示为万里马（300591）2021年4—6月的日线图。我们可以看到在图中方框之前，股价有一波明显的拉升，随后展开回调。MACD指标在零轴上方回落一段时间后，伴随股价再次拉升的动作出现了均线金叉。然而好景不长，股价随即见顶回落。

图6-17所示为诚迈科技（300598）2021年7—9月的日线图。在图中方框内，股价好像筑底成功即将拉升，指标对应的也是零轴上方的金叉，按照MACD指标的常规使用方法，这时候应该是个难得的买点，但我们看到一根跌停的长阴线揭穿了其面具，主力在诱多成功后不再遮遮掩掩，开始利用大阴线明目张胆地出货。

图 6-16 万里马日线图

图 6-17 诚迈科技日线图

分析完这两个实例后,那些幻想做回调后二次拉升的投资者不知有何感想?或许在他们的眼里,如今 MACD 指标的金叉已经变得不再那么可爱了,相反却有些面目狰狞甚至丑陋。其实大可不必,毕竟还有很多实例告诉我们有些股票的确有二次拉升的机会。由此可见,问题不是出在这里,而是出在我们对零轴上方的空头风洞形态还没有形成正确的知识，如果认识到这种形态的变化规律，那么我们就可以有效地规避它带给我们的风险。

如何规避零轴上方空头风洞的风险？我们可以总结出以下两点。

第一，在价格方面，股价与前期的价格呈现出某种见顶的特征。如图 6-16 里面的双顶形态，图 6-17 里面的三重顶形态，可以说在指标出现金叉买进的信号时，价格却到了某个阻力位，二者明显不协调。符合规律的形态是流畅的、让人赏心悦目的，而零轴上方的空头风洞形态给人一种指标强行金叉的感觉，这就需要我们慎重考虑了。

第二，在指标方面，如果将此种形态与零轴上方的多方风洞形态做比较就可以发现，后者的回落是快速的，形成风洞形态后立刻拉起，毫不拖泥带水。但对于零轴上方的空头风洞形态，指标在二次金叉之前都有一个明显的回落过程，这就意味着动能的衰竭。即便后面出现二次金叉，其高度往往不及前面，给人一种"再衰而竭"的感觉，与前面形成了顶背离。我们知道一段行情如果出现顶背离，非但不是买入信号，反而是一个明显的卖出信号。

6.4.2 零轴附近的空头风洞

股市有句谚语："筑底三月，见顶三天。"这说的是顶部的构筑时间往往小于底部的构筑时间，这为散户的高位离场制造了一定的困难。实战中有很多投资者卖不到高点，因为当股价回调时许多人会误认为这仅仅是主力的一个洗盘过程，当价格再次上扬，投资者最看重的 MACD 指标又开始金叉时，一定有许多投资者认为机会难得，从而在此处买进，殊不知这正是主力利用散户的心理设下的圈套。随后股价快速回落，造成指标短时间内由金叉变成死叉，使投资者深陷其中。

图 6-18 所示为江丰电子（300666）2021 年 7—11 月的日线图。我们可以看到，方框内指标在零轴附近出现了金叉。按照市场上的普遍说法，零轴金叉是一波行情的开始，但事与愿违，仅一个交易日主力便露出本相，向下反做，形成零轴附近的空头风洞形态，股价转而下跌。不识此伎俩的投资者，极易在此时被套牢。

图 6-18　江丰电子日线图

图 6-19 所示为金力永磁（300748）2021 年 8—9 月的日线图。我们看到在图中方框内，价格已经有所跳动，指标也在零轴附近出现金叉，显示出一副要大干一场的架势。但价格随后开始疲软，最终形成零轴附近的空头风洞形态，将不识此伎俩的投资者套牢。

图 6-19　金力永磁日线图

证券市场，甚至可以说所有的商品市场就好像一个猎场，每个人都是捕猎者，同时，每个人也都极有可能在捕猎过程中被别人猎杀，而零轴附近的空头风洞形态不过是主力在这个猎场里设下的众多圈套之一。

那么面对这种圈套，我们又该如何反应以躲避危险呢？实战中若我们临盘时判断不清，可以用对比的方法从以下两个方面加以甄别。

第一，与零轴附近指标金叉产生的牛股对比。对比后发现，零轴附近指标金叉产生的牛股事前的股价走势以平台整理或缓慢上升通道居多，MACD指标两条均线往往分离程度不大，有渐趋黏合的意向。相反零轴附近的空头风洞形态前期的股价基本处于缓慢下跌态势，指标在前期也存在大面积的绿柱，这说明上升的动能有过明显的衰竭，二者绝不可同日而语。

第二，与第一根红柱的操作对比。通过对比我们可以看到，前者要求出现第一根红柱后，方开始观察价格的走势，随后对操作也有明确的要求。相反，零轴附近的空头风洞形态在指标金叉前，股价便开始动作，有超前意识，但在指标金叉出现红柱后，股价反而开始停滞。这说明前面的股价上涨已经透支了上升的动能，不过是主力虚晃一枪的动作，仅仅是为了做出指标骗线，其目的就是借反弹减仓。

表面看似相同的事物若细细追究，其背后蕴藏的含义就往往不尽相同，市场的表现更是天地之差。通过这样的对比高下立判，投资者在今后的操作中对此种骗线手段也能有所防范。事物有弊也有利，虽然零轴附近的空头风洞形态对空仓者来说是个陷阱，但对于当时还持有股票的人来讲，主力无异于给他们送了一个大礼，使他们能够有一个绝佳的高抛离场的机会。

6.4.3　零轴下方的空头风洞

对于零轴上方和零轴附近的空头风洞形态，若主力为了诱使散户上当，在设下圈套时还需要付出一些成本。但做出零轴下方的空头风洞形态，主力就完全没有成本上的考虑，这是因为此时股价已经跌得七零八落了。主力之所以还要做出此种形态，主要是为了活络一下市场人气，适当吸引散户的注意。当然，如果此时还有人奋不顾身地进场接盘，主力当然更加欢迎。为了让这难得的承接盘不轻易跑掉，一旦形态成立，主力一定会采取快速下跌的方式将其套住，于是此种形态也就成为价格再次下跌的起爆点。

图6-20所示为金马游乐（300756）2021年6—8月的日线图。我们看到图中股票价格连续下跌后，盘面主动做空的动能已经不足，此时主力只要轻轻一拉，

很容易就能做出微弱的反弹格局。反映在盘面上,就是我们看到的方框内的走势。若有人接盘,主力一定会满足其需求。当此种形态完成后,一波快速杀跌立刻展开。

图 6-20　金马游乐日线图

我们再来看一个实例。

图 6-21 所示为贝仕达克(300822)2021 年 8—11 月的日线图。在缩量阴跌后股价开始横盘整理,图中方框处,价格当天出现异常,说明有人试探抄底。但随后快速下跌说明这只不过是一次短线的躁动,换来的是零轴下方的空头风洞形态的成立以及主力的再一次快速杀跌。

这两幅图很具有代表性,反映的是股价在下跌中继时典型的市场特征,值得我们认真地讨论一下。如果将其读懂,在今后的下跌过程中,我们就可以少犯这样的错误,不会盲目地抄底。

有很多散户参与到市场中来总急切地想赚钱,但你要清楚"无风不起浪,事出必有因""世上没有无缘无故的爱,也没有无缘无故的恨"。主力是市场的参与者,同样也受市场环境的制约,即便它想要进行一波拉升,事先也需要做种种的铺垫,行情的启动绝不可能一蹴而就。纵观历史上那些行情翻倍,甚至翻几倍的大牛股,在为人们熟知前都经历过长达数年的忍耐期,其间默默无闻、备受冷落。唯有如此才能使市场筹码逐渐沉淀,便于主力建仓吸筹,待万事俱备后一鸣惊人。

图 6-21　贝任达克日线图

如图 6-20 和图 6-21 所示，股价总的运行趋势是向下的，并且下跌过程中都是缩量的，加上指标明显处在弱势区，因此这时候即便有反弹，力度也不会很大。最主要的特征是，当指标金叉向上的动能出现时，量能却快速萎缩，这说明主力资金根本就没有真正进场，也就是此时还不是股价真正的底部。

6.5　实例分析

主力做出风洞形态的目的有两个：一是诱骗散户上当，不管是在多头风洞形态前错误地卖出还是在空头风洞形态前错误地买进，结果都一样；二是主力希望短时间内达到效果最大化，成功获取利润或者及时抛出筹码。问题在于，主力最终能否获得成功。假使散户投资者可以反其道而行之，专挑这种信号入手，达到以己之矛攻己之盾的效果，必将事半功倍、提高胜率。

在分析案例之前，我们还是要谈一下止损这个话题。

6.5.1　止损设置

利润与风险并存，然而散户想要赚钱的心实在太热切了，恨不得每天都能够收获涨停板。因此在买进时只预想上涨后的情况，从来不想下跌的可能。假使我们能够稍稍改变一下这种习惯,能够在买进后同时设好止损,做到有备无患,或许我们的操作成绩会好很多。

对于风洞形态,当它还没有被正式确定前,我们不会知道它能否真正形成,这时止损显得尤为重要,因为它可以最大限度地保护我们。在具体操作风洞形态时,笔者将止损位置设定在买进 K 线当天的最低价。之所以要这样设定,是因为风洞这种形态时间很短,主力为了达到效果,必须尽快地展开反向操作。如果你的操作是正确的,很快就能见到效果。如果你的操作不正确,那你还留恋什么呢?

图 6-22 所示为上能电气(300827)2021 年 6—8 月的日线走势图。我们就以此图为例,看一下止损位的设置。图中方框标示的部分是一个零轴附近的多头风洞形态,随后一根阳线确认了风洞形态的确立,其依据就是收盘价突破了组成风洞形态 K 线的最高价,成交量也大于风洞形态期间的成交量。确认后,我们就以突破 K 线的最低价作为止损位。后市一旦跌破,就马上平仓出局。

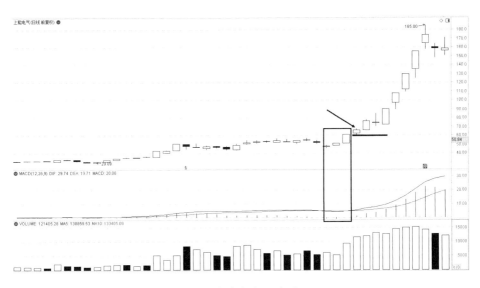

图 6-22 上能电气日线图

6.5.2 实例

想要提高操作的正确率,趋势的判断是最主要的,要尽量选择在上升趋势下进行操作，如果非要抄底，那就轻仓短线，快进快出。下面我们就通过对案例的分析，了解一下风洞形态带给我们的操作机会。

图 6-23 所示为博汇股份（300839）2021 年 7—9 月的日线图。笔者选股时将其选出。选股很简单，就是利用软件里面的选股功能，把 MACD 指标设定为选股指标，以日线作为选股周期，以 MACD 指标金叉作为选股条件。当然，这是最简单的选股方法，缺点是目标股很多，今后有机会再就此与大家进行交流。当时该股已经走出了零轴附近多头风洞的形态。图中方框标注的风洞形态之前的走势，涨时放量、跌时缩量、涨跌有序、量能配合，明显有建仓的痕迹。加上确定风洞形态成立的 K 线形成突破态势，成交量也配合，因此笔者决定买进。还有一个因素也很重要，那就是当时中小板指数同时见到了波段底部。

方框中的 K 线为风洞，其后一根确定风洞成立，临近收盘时以当日收盘价附近买进。价格在买进后开始上涨，但在来到前期平台位置时遇到了阻力，价格开始频繁收出影线，如图中横线标示处所示。

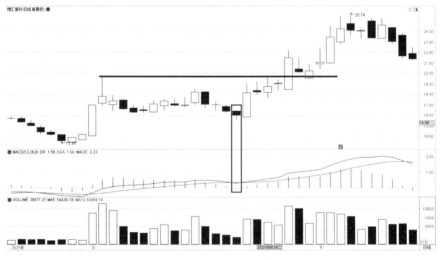

图 6-23　博汇股份日线图

图 6-24 所示为博汇股份（300839）当天买进时的分时图。全天价格都运行在均价线以上，走势较为强劲，下午盘拉升一波后，并没有深度回调，主力向上拉升的意愿明显。

第6章 | 主力欲擒故纵的经典形态——风洞

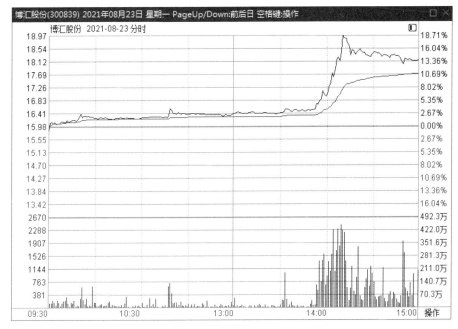

图 6-24 博汇股份分时图

图 6-25 所示为博汇股份（300839）最后的卖点示意图。在平台整理后显示，股价后来还是形成了向上突破的格局，但突破的成交量明显不足。随着股价上涨，所对应的同期 MACD 柱线开始走弱，在股价跌穿短期上涨趋势线后清仓。

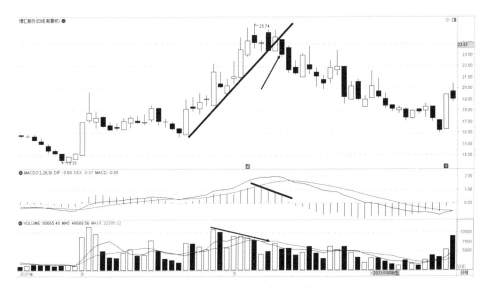

图 6-25 博汇股份卖点示意图

总体来说。在风洞形态的操作实战中，究竟该如何确定卖点，本章的内容并没有涉及，但在进行案例分析时，笔者还是根据实际情况对卖点问题有所涉及。虽然没有具体说明，但结合前面章节的内容，你大概也能了解一些风洞形态卖出的原则。如果你已能将前边的内容熟练掌握，那在操作风洞形态时，可以做到应付自如。若你感觉还是不能得心应手，也没有关系，只需把前面的内容再翻看一遍。

第7章 买卖信号真伪的辨识者——指标的背离

要想在 A 股市场获取利润，先决条件便是要先买入，随后再在一个恰当的高点将手中的码抛掉。这就需要我们在底部买入，在顶部卖出。捕捉市场底部和顶部的方法有很多，如波浪理论、时间周期等，其中最直观有效的、易于被投资者认可的工具是技术指标。技术指标可以通过很多种形式对市场的顶底进行反映，其中广为投资大众所接受的一种特征形态就是背离。那么背离又是什么？就我们现在所知道的，背离是造成市场涨跌的真正原因，是推动市场涨跌背后的力量，目前只能说背离涉及动力学原理，还没有人能够给出数学模型，但是这并不影响用它来辅助我们判断市场底部。在辅助判断的过程中，我们有很多指标可以利用，MACD 指标就是其中之一。既然背离可以反映市场的顶底，而 MACD 指标又是我们可以利用的最好的工具之一，那么我们理所当然要对 MACD 指标的背离做一番研究，看看它能够给我们带来怎样的帮助。

7.1 背离

"背离"是我们的常用语,无论是电视媒体上的股评栏目,还是关于股票投资的报纸、杂志,"背离"都会经常出现。那么何为背离呢?股价创新高(新低)而MACD指标未同步创新高(新低),就叫作股价与MACD的背离。

背离若发生在市场的顶部区间,就叫作顶背离;背离若发生在市场的底部区间,就叫作底背离。

背离的条件有二:一是DIF线与股价产生了背离,二是指标柱状体与股价产生了背离。只要有一条符合就构成背离,如果两条同时符合则为最佳。

7.1.1 短线背离

我们日常看盘和操作都离不开证券分析软件的帮助。当我们打开软件,设置的观察行情的窗口是什么?一定是价格与指标。价格与指标之间是有关联性的,做一个不恰当的比喻,价格是一只手,而指标是一根奇特的弹簧,当手非常有力的时候,弹簧会由于手的力量而被不断地压缩或者拉长,具体表现在图形上就是,当价格不断创新低,那指标也会不断随之创新低;当价格不断创新高,那指标也会不断随之创新高。价格要想不断地向一个方向运动,所需要的力量就必须不断增强,如果价格(手)出现力量不足的情况,则会发生手在不断压或者拉(表现为价格不断下降或者上升),而弹簧(指标)却无法变得更短或更长的情形,背离就此产生,也就是弹簧(指标)发挥威力的时候了。大家应该很容易理解一根弹簧当它被压缩到极限时会产生什么情况,那就是反弹。

之所以说指标是一根奇特的弹簧,是因为它被压缩到极限之后的反弹,会使得价格这只手也与它产生同样的运动。

指标的背离在形成后会带来至少短期的反弹行情。这是我们对指标与价格之间产生背离之后所做的结论。

图 7-1 所示为捷安高科(300845)2020 年 11 月—2021 年 4 月的日线图。这是一幅经典的指标与价格之间发生背离现象的图。我们看到在价格创出新低的同时,MACD 指标无论是柱状体还是均线都没有跟随价格创出新低,而是发生了背离,随后出现了一波上涨。

图 7-1 捷安高科日线图

一切看起来非常自然,可是如果你看到市场随后的表现,一定会大吃一惊。

图 7-2 所示为捷安高科(300845)在发生背离现象后的市场走势。股价在与指标发生背离后的确上涨了一小段,但空间并不大。让人意想不到的是,随后的下跌走势干净利落,并且创出了新低。

问题出在哪里呢?如果如此经典的背离还不能为我们带来利润,那我们又该如何操作呢?我们再回顾一下结论:指标的背离在形成后会带来至少短期的反弹行情。这个结论中有个很重要的字眼,那就是"反弹行情"。什么叫反弹行情?这里面其实包含了两层意思。第一,既然叫作反弹,说明之前的市场趋势应该是下跌的。这个很容易理解,因为若是上涨趋势,就应该叫作上涨而不是反弹了。第二,既然是反弹,就说明这样的上涨,空间一定不会很大,一定不会持续很长时间。"空间不大,时间不长"这八个字背后的含义就是,如果你参与这样的行情,需要承担的风险很大并且获得的利润不高。我们知道一个市场能否进行操作的依据便是衡量风险收益比,有谁愿意冒较大风险来换取较小的收益呢?因此,类似于捷安高科这样的机会我们其实是不应该参与其中的,原因就是风险收益不成比例。

图 7-2　捷安高科背离后市场走势图

或许有的读者会说,MACD 指标抄底逃顶的技巧之一就是背离。这个不假,可问题在于,不是每次指标的背离都代表市场形成了顶和底。这也是本章想要澄清的主要问题之一,即由于受到太多的误导,大家其实已经陷入了 MACD 指标顶底背离的误区。

为了更好地使用背离这种技巧来帮助我们进行操作,首先我们要列举出当前存在的背离的相关误区,以便大家进行对照。这样做的好处是一方面可以为今后的内容做好铺垫,另一方面为大家日后自行研究更深入的背离操作提供一个可借鉴的思路。

7.1.2 底背离误区

MACD指标底背离的操作误区：看见背离即买入。

底背离是促使股价上升的先决条件，从动能指标的角度来看，当股价创出新低，而指标未能同步创出新低时，说明股价内在的下跌动能已经减弱甚至衰竭，股价存在反弹甚至反转的可能。反弹的特点就是空间不大，时间不长，这样的机会我们应予以排除。值得我们操作的机会应该是反转，既然是反转，就意味着趋势的改变。问题在于，指标的底背离只是说明有这种可能，至于能不能真正反转，指标并没有告诉我们。

然而在实战中，投资者或许受到身边各种因素的影响，经常把常规的、理论状态下的底背离用法当作金科玉律，错误地把可能当作现实，把先决条件当作必要条件，看见指标出现底背离形态便草草买入，幻想着即将开始的拉升。

这是非常错误的观念，要知道指标毕竟只是价格的影子，它可能部分反映股价的变化，但不能全部反映股价的变化。就好比一个人，尽管他站在原地不动，但随着光线角度的转变，他投射在地面上的影子形态和位置同样会发生变化。底背离也是如此，主力可以通过适当的价格变化，对指标的形态予以调节，从而达到自己的目的。

图7-3所示为深物业A（000011）2020年10月—2021年3月的日线图。自股价下跌以来，指标与股价之间连续四次出现底背离形态，可谓是背离之后还有背离。投资者如果盲目相信底背离的抄底功能，一定会在股价与指标之间出现第一次底背离形态时便开始进场操作。如果第一次背离后便买进，将会面临巨大的损失。即便投资者信心满满，能够咬牙坚持到趋势反转的那一刻，当股价回到投资者买入的成本价位时，也是很久之后的事情了。

图7-4所示为海德股份（000567）2020年8月—2021年4月的日线图。相比上一个实例，这幅图的背离次数减少了一次，底背离形态出现三次后，趋势就开始逆转，促使股价开始上涨。为什么会出现如此巨大的反差呢？这是因为下降趋势线被突破，我们在后面会进一步地讲解。

图 7-3 深物业 A 日线图

图 7-4 海德股份日线图

7.1.3 顶背离误区

介绍过了底背离的操作误区,下面我们来看顶背离误区。

MACD 指标顶背离的操作误区:出现背离即卖出。

只要大家打开证券分析软件，多翻看一些股票的顶部形态，无论是分时图，还是日线图，或者是周线图，都可以发现，股价真正的顶部都是在顶背离形态出现后才开始的。也可以这样讲，顶背离是促成股价最终见顶回落的内在原因。但是，这绝不意味着，出现顶背离就代表股价已经见顶，二者绝不是相互转化的关系。投资者正是因为搞不清这种逻辑，才频频犯错，导致刚刚获取一些很小的利润就被主力的震仓动作清洗出局，从而错过了后面的大好行情。

图7-5所示为奥园美谷（000615）2020年10月—2021年3的日线图。图中股价与指标之间出现了经典的顶背离现象。按照指标背离的理论，这时候应该认为背离已经确立，相信不少投资者看到此种形态出现后，都会做卖出的动作。随后，一连串的下跌阴线好像也印证了顶背离形态的威力，但这一段下跌走势并未能按照通常教科书上所叙述的标准理论一样，使得MACD指标线回到零轴以下。这正是主力狡猾的地方，它诱使我们做出了错误的卖出决定。

图7-5 奥园美谷日线图

图7-6所示为奥园美谷（000615）的后续图。图中的虚线是顶背离时的上升趋势线。图7-5上的一连串阴线看似跌势凶猛，但并没有破坏上升趋势，相反，当股价在触及趋势线获得支撑后，又开始进行后面的拉升动作。在股价的强力拉升下，指标这个弹簧也终于扛不住压力，被越拉越长，最终超越了前面MACD高点，形成了价格上涨，指标也配合上涨的良好局面。

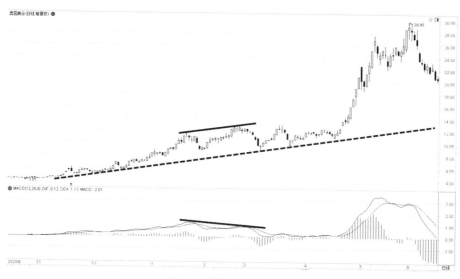

图 7-6　奥园美谷后续图

图 7-7 所示为滨海能源（000695）2021 年 5—7 月的日线图。在图中画线的地方，股价与指标之间出现了经典的顶背离形态。按照 MACD 指标的常规用法，这种地方已经预示着股价见顶，后市将以下跌为主，因此投资者要及时落袋为安。真的是这样吗？顶部形态若这么容易就被中小投资者给辨识出来，主力今后根本就出不了货，因为散户已经先于主力跑光了，谁来接它的盘呢？

图 7-7　滨海能源日线图

图 7-8 所示为滨海能源（000695）的后续图。顶背离出现后股价的回落并

没有跌破水平的支撑和上升的趋势线,相反,在获得支撑后又开始向上拓展空间。此时指标也反身向上,配合着股价继续走高。

图 7-8 滨海能源后续图

通过上述讲解,大家可能已经有所体会,那就是仅仅以背离的角度讨论,上面的案例都没有任何的问题。可如果我们据此进行操作,市场后来的走势却证明我们认为的顶、底背离都是虚假的,带给我们的操作信息都是错误的,这是为什么呢?要知道关于 MACD 指标的用法,通常教科书上都是这样说:当价格和指标背离以后,趋势开始反转。

教科书上所描述的是理想状态下的操作,然而理想和现实之间有着无穷无尽的变化,如果投资者没有分清楚这两种状况,在操作中当然会出现错误。以往在判断顶、底背离的时候,我们是否只过于看重背离的形态能否符合要求,而忽略了另一个重要的环节,那就是对趋势的判断呢?要知道趋势才是决定一切的力量,如果将趋势比作大海,背离不过是其中的一个涟漪。因此在今后的操作中,对于背离的判定我们需要记住一个重要的原则,即如果股价还在继续维持原有的趋势运动,则绝对不能说指标已经背离。原因是,如果股价还在继续按照原有的趋势运动,虽然也许在某个过程中,指标并未跟上股价的走势,但随着走势的不断延伸、发展,也许后市指标终会跟上股价的趋势,从而出现股价和指标相互配合的情况,这点是在判定指标背离的时候必须牢记的。

那么如何判定趋势呢?当然是依据趋势线进行判定了。

7.2 趋势线

背离这个工具是一把双刃剑，使用得当，可以带来可观的收益；使用不当，会使投资者陷入高买低卖的困局。

现在我们已经知道，有些背离是虚假的信号。这里所指的假，是从操作层面出发的。假设一个背离发生后，并未伴随出现趋势见顶，价格依然维持沿原有趋势方向运动，我们就认为这不是成功的背离，也就是假背离。假背离出现的时期，往往是一个趋势还未结束，甚至刚刚发展到趋势中段的时候。这时候我们就武断地去判定一个背离是否存在，当然非常容易出错。因此我们说，当趋势还在延续的过程中时，要尽量避免去判断背离。我们需要做的就是在此基础上引入一个辅助性的技术分析工具，添加一条趋势线，这样就可以在很大程度上避免对背离的判断出现失误。

7.2.1 上升趋势线的正确绘制方法

相对于大家现在使用的技术分析手段，趋势线可以说是一种相对古老的传统的技术分析工具。虽然古老传统，但它的使用效果毋庸置疑。从判断趋势的角度来说，在目前流行的众多技术分析工具中，趋势线是最简明有效和准确的。当然，这种简明有效和准确是建立在正确绘制趋势线的基础上的。只有绘制正确，趋势线才能发挥出它应有的作用；可如果绘制错误，它与背离一样，不但不能帮助到我们，反而会带给我们伤害。

这似乎有些危言耸听，甚至有些人可能会因此大放厥词，但现实就是如此，简简单单的一根趋势线，还真有不少的投资者将它画错。下面，我们就举个例子。

图 7-9 所示为一张股价走势图，上面绘制了两条上升趋势线：一条是用实线画出的，另一条是用虚线画出的，哪一条上升趋势线的画法正确呢？

如果你选择的是用虚线画出的上升趋势线，恭喜你答对了，你可以跳过下面讲述趋势线的内容，直接阅读下一节。如果你选择的是用实线画出的上升趋势线，那么很遗憾地告诉你，你答错了，你还需要补上趋势线这个环节的内容。接下来我们就开始讲解趋势线的正确画法。

图 7-9　上升趋势线示意图

选择的方法不同,得出的结论当然就会不同,特别是在趋势的判定方面,我们如果对趋势产生误判,就会直接影响我们的操作选择。当然,最后的判定结果也必将不同,这个道理很简单,只要设想一下就能够有所预判。

图 7-10 所示为厦门信达(000019)2021 年 4—8 月的日线图。图中绘制了两条上升趋势线,其中实线绘制的上升趋势线是正确的,虚线绘制的上升趋势线错误的。正确的上升趋势线提示我们,当股价跌破趋势线时我们应该果断地离场,避免遭受损失。而错误的上升趋势线提示我们,股价受到了强烈的支撑,应该买进。两种不同的趋势线画法,产生了截然相反的两种操作策略,其结果也必将大为不同。

关于趋势线在图表上的正确绘制,著名外汇分析人士鹿希武先生为我们提供了绝好的教材,下面关于趋势线正确画法的文字论述内容,基本取材于鹿希武先生的教学资料,这里也向鹿希武先生表达诚挚的谢意。

上升趋势线:连接某一时间周期内最低点(或相对低点)与最高点之前的某一低点,中间不穿越任何价位的一条直线。

绘制上升趋势线的原则如下。

(1)不能连接最高点之后的低点。

(2)绘制的上升趋势线不能穿越价位。(切线原则)

(3)如果按照定义可以绘制出多条上升趋势线,选择与中轴线最接近平行的一条作为上升趋势线。

（4）选择的两点之间要有一定的时间跨度，并且两个连接点不能偏向最低点或最高点一边。

注意：当股价形成双顶时，可以连接最高点之后的低点。在价格形成两个高点（双顶）时，后面的高点可以看作是最高点。

图 7-10　厦门信达日线图

图 7-11 所示为海南发展（000772）2021 年 1—5 的日线图。图中有一段明显的上升趋势，我们按照上述原则画出正确的上升趋势线。

图 7-11　海南发展日线图

仍以此图为例，如果我们没有掌握正确的绘制方法，也许会出现以下几种错误的绘制趋势线的情况。图 7-12 所示为几条错误的上升趋势线的绘制方法，其中实线绘制的上升趋势线非常具有迷惑性，因为它比较符合实际走势，后面的反弹也刚好被它阻挡，起到了很好的压力作用。但按照绘制上升趋势线的原则来看，它不符合第一项要求，因为它连接的是高点后的低点，因此是错误的上升趋势线。虚线绘制的趋势线看起来起到了很好的支撑作用，促使股价反弹，但它不符合绘制上升趋势线的第二条原则，中间有价位穿越的现象发生，因此同样是错误的。

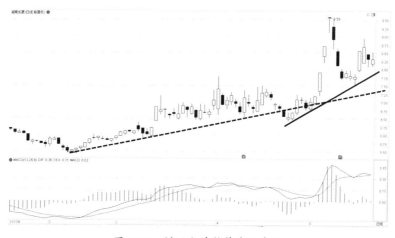

图 7-12　错误上升趋势线示意图

图 7-13 所示为价格在形成双顶时，连接最高点之后低点形成的上升趋势线示意图。这是上升趋势线的一种变体，同样是正确的画法。在实战中这样的趋势线也会经常遇到，请不要与前面列举的错误的画法混淆。

图 7-13　上升趋势线示意图

7.2.2 下降趋势线的正确绘制方法

学习了上升趋势线的正确绘制方法后,我们接下来学习下降趋势线的正确绘制方法。

下降趋势线:连接某一时间周期内最高点(或相对高点)与最低点之前的某一高点,中间不穿越任何价位的一条直线。

绘制下降趋势线的原则如下。

(1)不能连接最低点之后来的高点。

(2)绘制的下降趋势线不能穿越价位。

(3)如果按照定义可以绘制出多条下降趋势线,选择与中轴线最接近平行的一条作为下降趋势线。

(4)选择的两点之间要有一定的时间跨度,并且两个连接点不能偏向最高点一边。

注意:当股价形成双底时,可以连接最低点之后的高点。在价格形成两个低点(双底)时,后边的低点可以看作是最低点。

下面我们通过实例讲解下降趋势线的正确绘制方法。

图 7-14 所示为广发证券(000776)2020 年 11 月—2021 年 5 月的日线图。图中有一段明显的下降趋势,我们按照上述原则画出正确的下降趋势线。

图 7-14　广发证券日线图

仍以此图为例,如果我们没有掌握正确的绘制方法,也许会画出以下几条错误的趋势线。图 7-15 所示为错误的下降趋势线绘制方法,其中实线绘制的下降趋势线虽然是两个高点的连线,但选取的并不是最低点之前的高点,不符合下降趋势线的定义,因此是错误的画法。虚线绘制的下降趋势线看起来不错,但它不符合绘制下降趋势线的第二条原则,中间有价位穿越的现象发生,因此同样是错误的。

图 7-15　错误下降趋势线示意图

图 7-16 所示为创维数字(000089)2021 年 9—11 月的日线图。图中的下降趋势线是连接最低点后的高点所画的,这也是正确的下降趋势线的画法,原因就是价格在形成双底后,可以把后面的低点看作最低点。在实战中这样的趋势线也会经常遇到,请不要与前面列举的错误的画法混淆。

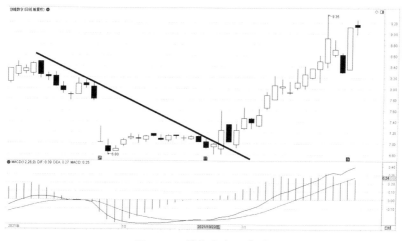

图 7-16　创维数字日线图

◎ 7.3 趋势线结合底背离

对于我们的操作来说，单单出现一个背离，充其量不过是图形上的一种形态而已，没有太多的实战意义。为了提高操作的成功率，我们把趋势线引入进来，以此辨别背离的真假。这一节我们就尝试将趋势线与背离的形态结合起来，看看能否起到预期的效果。

7.3.1 操作要点

下面我们针对趋势线与底背离形态结合的操作要点进行探讨。

第一，用趋势线确定原有的下跌趋势是否发生改变。在原有下跌趋势未结束之前，不管图上出现怎样明显的底背离形态，我们也只能关注，并耐心等待。只有当原有的趋势能够确认结束之后，方可转入操作阶段。

这一点很容易理解，当价格还在延续原来趋势的时候，说背离永远太早，因为我们并不知道市场是否会延续原有的趋势。当然，采用这一方法所要面对的问题是，当真正的底背离出现后，我们无法抓到最低价位只能中途进场。至于可以利用其他方法去抓趋势的最低点，不在本专题讨论范围之内。

第二，当下降趋势线被有效突破，已经可以确定下降趋势被有效扭转，若股价具备基本的底背离要素时，我们可以认为是真正的底背离信号出现，这时开始寻找买入信号。

底背离有多种表现方式，可以一次就完成背离，也可以多次完成背离。不论是哪一种，都以趋势线被有效突破后才能计算。当然，一次底背离后上升的力度或许会小一点，而多次底背离就如同弹簧被极度压缩一样，由于做多动能被积压得太久，一旦转势，爆发力度或许会强一些。

第三，采取逢低买进的原则。当股价刚刚突破下降趋势线时，由于市场的筹码还不稳定，因此市场一般都会有一个回抽的过程，以此来确认趋势线的突破是否有效。这种回落无论是在时间上还是在空间上，都与前期突破的波段有着密切的联系。市场往往在到达某一个重要的支撑后，再次展开上涨行情。

逢低买进，人人都能理解，但在实战中这个低点到底在哪，很多人都说不清。

这里我们给出一个参考标准，即无论是在时间上还是在空间上，突破后回落的波段往往与前期上涨的波段呈现出符合某种黄金分割的关系。至于为何会呈现出黄金分割，不在本书的所讲范围，还请大家自行查阅相关资料进行学习。

第四，股价回落破底，意味着突破失败，我们要继续等待下一次机会。一旦股价回抽确认成功，我们要及时买进，其后续波段的上涨空间做最保守、最简单估计，以回落后的起涨点算起，往上加突破前的最低点到突破后的高点的直线距离。

除了这种最保守的计算方式以外，我们还可以采用波浪理论对未来的上涨空间进行推导。当然，这种方法需要投资者了解一些波浪理论的原理，特别是ABC的浪形结构及其计算方法。投资者基本上可以这样理解：突破趋势线的这个上涨波段可以认为是1浪，随后的回调可以看作2浪，如此回调结束后再次展开的上涨是3浪。熟悉波浪理论的投资者都知道，3浪是主升浪，一般来说其上涨的高度会大于1浪，其计算公式为3浪=1浪高度×1.618+2浪低点。特别是在这种产生了成功背离的信号的情况下，即便不能达到理论高度，至少也应该与1浪等长，那就与保守计算相等。通过上述两种方法，我们就大体知道了未来波段上涨的区间范围，这样就可以做到心中有数。

7.3.2　实例讲解

下面我们通过实例对这几项操作要点逐一进行说明。

图7-17所示为太平洋（601099）2020年3—6月的日线图。该股经历了一个漫长的下跌过程，股价由图上的高点4.12元开始，反反复复一直下跌到3.08元，可谓惨不忍睹。在这个过程中，股价与指标之间一共出现了两次底背离形态，如图中虚线所示，这时投资者该如何甄别呢？按照我们提供的操作要点，在没有确定趋势发生转向之前，任何底背离形态都不过是一个图形而已，没有任何实战意义。我们需要做的，就是画出正确的趋势线，然后进行观察和等待。我们依据下降趋势线的绘制原则，绘制出正确的下降趋势线，如图上实线所示。我们看到在第二次底背离信号出现后，股价终于突破了下降趋势线，由此我们认定，前一次的底背离是虚假的信号，第二次底背离才是真正的信号。现在的问题变成趋势线的突破信号是不是有效突破了。

图 7-17　太平洋日线图

图 7-18 所示为太平洋（601099）突破下降趋势线的示意图。图中黑色的实线为下降趋势线。按照当前的突破标准，对趋势线的突破一定要满足两个要求：一是要以较大的阳线或者连续的小阳线进行价格上的突破；二是在趋势线上站稳三天，即便回落，价格也不再跌破趋势线。从图上来看，最后的突破无论是在时间上还是空间上都满足了突破的要求，因此这是一次有效的突破。既然对趋势线的突破是有效的，那么图中虚线所示的底背离形态就是我们真正关心的、具有可操作性的背离信号了。前面的一次底背离虽然信号是虚假的，但与这一次一起形成了多次背离形态，因此对后市的向上空间应该有所期待，下一步我们要做的就是寻找买入点。

图 7-18　太平洋突破图

如果不加入对其他条件的分析，二次背离后，股价突破下降趋势线，就是最好的买点之一。如果加入其他分析，则需要看后势的发展如何。由于走势演化各不相同，所采用的方法也各不相同，所以本例中，我们以突破下降趋势后的第三个交易日作为买点进行举例，图7-19为太平洋的后续走势图。

图7-19　太平洋后续走势图

图7-20所示为深纺织A（000045）2020年8月—2021年2月的日线图。在长达半年的时间里，该股一直处在下降趋势当中，跌跌不休，从高点11.3元开始，一直跌到6.48元，跌幅接近一半。在这一过程中，该股出现过一次底背离信号，我们该如何对它进行判断呢？那就是做出正确的下降趋势线，只有在股价上穿下降趋势线后，我们才能判断这是不是一次高成功率的底背离。

图7-20　深纺织A日线图

图 7-21 所示为深纺织 A 在上穿下降趋势线后再次回落,但没有破低。在前低附近再次起涨,形成了双重底形态,上破颈线的位置就是买点。当然,如果不考虑其他分析,底背离后,首次上破下降趋势线时也是买点之一,同时以前期低点为止损点。这两处买点,我们不论选择哪一个,都没问题。

图 7-21　深纺织 A 双重底买点示意图

○ 7.4　趋势线结合顶背离

顶背离的操作是为了确定卖点,严格说,在上升趋势中卖点只有一个,那就是趋势最终被确认转势的那一个。至于其他时段出现的顶背离,或许会引发一段调整行情,但不会破坏趋势的结构,并且这种背离后来演变成上升中继的可能性极大。下面,我们就将顶背离形态与上升趋势线结合起来,看看它在确定卖点时给予的帮助。

7.4.1　操作要点

下面我们针对趋势线与顶背离形态结合的操作要点进行探讨。

第一,用趋势线确定原有的上涨趋势是否发生改变。在原有上涨趋势未结束之前，不管图上出现怎样明显的顶背离形态，哪怕出现回调走势，我们都要咬牙坚持并耐心等待。记住，主力不会轻易地把丰厚的利润给你，因此只有当原有趋势能够确认结束之后，我们方可转入操作阶段。

这一点很容易理解，无数大牛股的实例告诉我们，想要陪伴牛股走下去，一定要禁得起主力的折腾。主力是一群可以让你与他们共患难而不能与他们同富贵的人，让你接盘时他们会千方百计地拉拢你，等到赚钱时他们更会无所不用其极地让你出局。怎么办？只有坚持，当价格还在继续延续原来趋势的时候，不要惧怕任何顶背离，哪怕我们会损失一些利润。当然，采用这种方法所要面对的问题是，当真正的顶背离出现后，我们无法卖在最高价位而只能中途离场。

第二，当上升趋势线被有效突破，已经可以确定上升趋势被有效扭转后，若股价具备基本的顶背离要素，我们可以认为真正的顶背离信号出现了，这时开始寻找卖出信号。

顶背离有多种表现方式，可以一次就完成顶背离，也可以多次完成顶背离。不论是哪一种，都以趋势线被有效突破后才能计算。当然，一次顶背离之后下跌的力度或许会小一点，而多次顶背离就如同弹簧被拉得太长从而丧失弹性，当它回落时，已经没有任何反弹的力量，其下跌的持续性或许会强一些。

第三，采取逢高坚决卖出的原则。这一点与买进原则不同，这是因为股价高位盘旋已经积累了相当大的做空能量，而突破下降趋势线不过是这种能量最后的确认。理论上突破后一般都会有一个反抽的过程，但在市场顶部我们不能期待这种反抽机每次都会出现，因此当出现阴线跌破上升趋势线时，要坚决而果断地离场。一般情况下主力很难一次性将手中筹码全部抛完，因此他们要制造二次出货的机会，所以第一波回落在达到上升趋势线最上面一个低点时会受到支撑。至于受到支撑后股价是反弹还是横盘整理，要视当时的市场状况而定。

第四，根据实际情况对上升趋势线进行修正。如果原有上升趋势线没有被有效突破，那么随着趋势的延续，股价在顶背离的虚假信号完成后，一般会演变成进一步向上突破并创新高的格局，从而使得原有的顶背离成为一个上升中继形态。出现此种情况，股价上升的斜率就会有所改变，此时最初的原始上升趋势线已经不能很好地反映价格的变化，因此我们要对上升趋势线做出某种修正，以便让它更好地适应市场，及时反映市场当前的趋势变化。当然，原始趋势线在股价后续的表现中还会起到一定的作用，但随着时间的推进，这种作用会慢慢减弱。

7.4.2 实例讲解

下面我们通过实例对这几项操作要点逐一进行说明。

图 7-22 所示为中兴通讯（000063）2021 年 4—7 月的日线图。该股经历了一轮较大幅度的升势后股价来到了高位，股价在高位盘旋的时候，指标与股价之间出现了顶背离的走势，随后股价大幅杀跌，由高点的 34.3 元一直跌到 30.55 元。但是当我们按照上升趋势线的绘制原则做出上升趋势线时，我们发现该股顶背离后出现的下跌并没有跌破这条最原始的上升趋势线，相反在趋势线处获得了支撑。接下来会如何呢？

图 7-22 中兴通讯日线图

图 7-23 所示为中兴通讯（000063）后续的股价变化示意图。图中有两条上升趋势线，其中虚线绘制的上升趋势线就是图 7-22 中那条最原始的上升趋势线，而实线绘制的上升趋势线是根据股价后来的变化做出修正后的上升趋势线。股价在前面出现顶背离下跌后，在原始的上升趋势线处获得了支撑，并在支撑的作用下开始出现缓慢的恢复性上涨，这种上涨是出于修复指标的作用。当主力做好充足的准备后，股价对前期顶背离的高点阻力成功突破，从而使得前期的顶背离形态成为一个上升中继形态。伴随着价格突破的是指标的同步放大趋好，价格与指标之间又回到了相互匹配的良性阶段。

图 7-24 所示为睿智医药（300149）2021 年 5—7 月的日线图。这段走势相对简单，我们很容易把上升趋势线画出来。与一般实例先有顶背离，后出现破

位的情况不同，本例是先跌破上升趋势线，然后止跌回升，走出顶背离的形态。不管是哪一种，操作模式的精髓没有变，体现在本实例中卖点还是应该放在跌破上升趋势线时。我们可以把随后的走势理解为主力的诱多行为，当然，如果股价后来能够突破前期高点，我们则需要重新审视这段走势，因为它可能演变成其他形态了。还好股价在形成双头后开始下跌，验证了我们的判断，即上升趋势线被跌破后中期趋势已经发生了改变。股价后面会跌到哪里呢？

图 7-23　中兴通讯后续图

图 7-24　睿智医药日线图

图 7-25 所示为睿智医药（300149）后续的股价运行图。顶背离出现后股价

开始下跌，当来到上升趋势线最上面的一个低点时受到了支撑，开始进行横盘整理，这里就是主力二次出货的地方。此时对应的指标已经是弱势状态，说明这里根本不是底部区域，主力后来采用了快速下跌的方式，将整理区域的承接盘全部套死，不让其有迅速解套的机会。

图 7-25　睿智医药后续走势图

我们最后看一下该股后来的走势。

图 7-26 所示为睿智医药（300149）后来的运行轨迹。当主力在二次出货区域完成筹码的转移后，股价快速跌破了上升趋势线低点的支撑，尽管后面主力又给了一次反抽的机会，但也是昙花一现。股价后来以阶梯状的形式逐级下探，每一级平台都表明有一批人深陷其中，每个平台的位置也会成为股价后面运行的阻力。

图 7-26　睿智医药最后走势图

7.5 实例分析

趋势线与背离形态结合的操作模式可以有效地辨识出背离这种信号的真伪，从而提高我们利用背离形态操作的胜率。在只能做多并且是牛短熊长的A股市场，能够找到一个合适的、风险程度相对较低的买点，是提高我们收益率的关键步骤。如果还能够预先计算出股价后来上涨的高度，我们的操作胜算就又多了一层保障。当价格目标达到预想的高度后，我们又能够从容离场的话，可以说那就是一次完美的操作。从这点上来说，希望本模式能够引起大家足够的重视。该模式虽不能说是降妖除魔的法宝，至少也是克敌制胜的利器。

我们通过两个实例再次讲解趋势线结合背离这种模式的操作要点。当然，按照本书的惯例，我们先谈一下止损点的设立。

7.5.1 止损设置

趋势线结合背离的操作模式要求的就是逢低买进，遇高卖出。从买点来说，我们买进的风险已经很低了。虽然如此，对于风险的控制，我们还是将它放在首位，因为世上根本没有百战百胜的操作秘籍，我们所能做的就是尽量提高我们的胜率，尽可能用较小的风险来博取较大的收益。如果风险收益比能够达到一个合适的水平，哪怕我们的胜率不高，但较高的收益率也能保证我们有一个好的收益。

关于本模式的止损设置其实很简单。既然我们买在确认2浪完成的位置，那么2浪的底就是我们的止损位。这个价位一旦跌破，说明我们对整个浪型的判断都产生了错误，既然如此，我们也就没有再停留的理由了。

7.5.2 实例

我们先来看第一个实例——孚能科技的操作。

图7-27所示为孚能科技（688567）2020年12月—2021年5月的日线走势图。技术分析就是针对一段时期的图提炼出有价值的信息，并依此进行操作。如果

一段时期的图时间跨度太长，那么提炼出的信息就会相互制约，因此本人在操作中一直遵循一个原则，就是尽量选择图简单的股票来进行操作。

图 7-27　孚能科技日线图

在图 7-27 上虚线划定的区域，指标与股价之间走出了明显的底背离形态。这个信号是真是假呢？没有人知道，因此需要在图上画上一条趋势线来加以甄别。如图，实线为依据下降趋势线的绘制原则画出的趋势线。图的最右侧股价有突破的迹象，这是验证底背离信号的关键，当然要重点观察。

图 7-28 所示为孚能科技（688567）突破和买点的示意图，按照操作模式的要点，我们逐一进行说明。首先看突破，股价以连续阳线的方式对下降趋势线进行了突破，随后进行回抽，确认突破的有效性。成交量从突破时的放大再到确认过程的缩小，说明量能缩放有序，市场筹码稳定。既然对趋势线的突破有效，说明图上以虚线表示的底背离信号就是真实的、具有可操作性的底部信号。既然如此，我们当然要在回落的过程中确认买点，准备进场。我们看到图中已经标示出来，1 浪运行的时间周期为 6 个交易日，2 浪回落的时间周期为 4 个交易日，顶部重合一根 K 线。二者之间的比例在 0.667，基本符合 0.618 的黄金分割位。突破 1 浪顶部当天临收盘时，笔者以 29.86 元的价格买进。

第7章 | 买卖信号真伪的辨识者——指标的背离

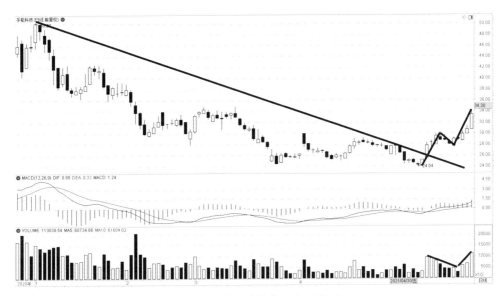

图 7-28　孚能科技突破和买点图

图 7-29 所示为对孚能科技（688567）突破波段所做的黄金分割图。回落 4 天的股价最低点触及了 0.382 的黄金分割位。

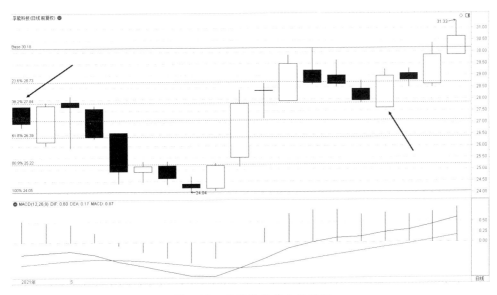

图 7-29　孚能科技黄金分割图

图 7-30 所示为孚能科技（688567）3 浪启动时当天的分时图。上午盘股价拉升，下午盘缩量回调，基本确认拉升的有效性，止损点本应设在 2 浪的最低价。

215

图 7-30　孚能科技分时图

图 7-31 所示为孚能科技（688567）的卖点示意图。证券投资需要未雨绸缪，当你决定买入前，就要对未来的运行格局有个大致的估算。我们可以通过之前讲过的公式计算一下，看看该股大概在什么位置会遇到阻力。最保守的算法当然就是将 1 浪的高度完整地加在 2 浪的起点上。查看软件，1 浪的最低价在 24.04 元，最高价在 30.16 元，2 浪的最低点在 27.62 元，如此我们就能计算出 3 浪的高度在 30.16-24.04+27.62=33.74 元。我们再以波浪理论的计算公式对 3 浪的高度计算：（30.16-24.04）×1.618+27.62=37.52 元。如此，未来股价大致在 33.74 元至 37.52 元的区间受阻。图中有一条水平压力线，这个位置是股价在前期留下的一个平台。当股价来到这个平台位置时，走势开始不稳，当日最高价在 34.32 元。上涨空间的满足、前期平台的阻力、K 线的形态加上指标动能的减弱，是否应该卖出？这是依据买点模式进行的卖出操作。

下面我们再看一下通过趋势线结合顶背离的模式进行的卖点选择。

图 7-32 所示为孚能科技（688567）依据趋势线结合顶背离的操作模式形成的卖点示意图。我们看到本案例并没有形成顶背离形态，因此只好以常规模式进行观察。当股价跌破上升趋势线时，指标同步走弱，卖点形成，需要清仓离场。相比依据公式计算出的卖点区域，此处卖点滞后了几日，这也从一个侧面说明，

趋势线结合顶背离的操作模式不能卖在最高位,因为确认趋势转向需要一个过程。当然,我们不能就此下结论说这种卖点模式不好,这是因为实例是买卖点一体的,主要是为了在一个实例里面完整展示买卖操作,而在实战中很多情况是你有可能依据其他技巧买入,此时再依据本模式确定卖点,就是一个很好的选择了。

图 7-31　孚能科技卖点示意图

图 7-32　孚能科技日线图

第 8 章 寻找翻倍股的绝技——双时间周期

在国内 A 股市场，股民一年究竟需要获取多少收益才算赢利呢？这个问题相信许多股民都没有想过，在此我们提出几个指标供股民自己衡量。首先，可将国内几大商业银行一年期存款利率作为一个参照标准，年收益率超过它至少说明我们一年的工夫没有白费。其次，居民消费价格指数，也就是我们常说的 CPI 是个坎，迈过它证明我们的钱没有贬值。最后，在成功征服前两个指标的基础上，若还能够跑赢大盘，那就称得上是高手，相信你身边也会有不少粉丝了。但即便有人完全满足前三个条件，恐怕仍然还会心有不甘。许多人或许还会扪心自问，我为什么不能够像主力机构那样赚大钱呢？

有理想总是好的，至少它会带给我们希望。但现实是残酷的，因此想要实现理想，光说不练绝对没有用，我们要认真研究主力的秘密。假使有所感悟，即便不能完全探究真相，至少也能做到入宝山而不空手归，不虚此行。你愿意这样做吗？如果愿意，那就一起来吧。

8.1 不一样的时间周期

任何事物都是相对的，但唯有时间是永恒的。伟大的投资家威廉·江恩曾说过："时间是决定市场走势最重要的因素，因为时间可以超越价位平衡。当时间到达，成交量将推动价格升跌。"由此我们知道，时间作为预测市场走势的一个因子，其最重要的作用在于预测市场运动趋势的转折点。引用上述江恩的话，目的不是说明我们想要预测市场，只是说明时间在看盘时的重要性。时间对于散户来讲，最常见的表现形式就是看盘的时间周期选择，其中又以日线和周线为主。下面我们就来共同探讨散户习惯的看盘周期究竟存在哪些弊端。

8.1.1 常规看盘周期的弊端

宋朝著名文人苏轼在《题西林壁》一诗中留下千古名句："不识庐山真面目，只缘身在此山中。"若用此诗句来形容股民的日常状态，可谓再恰当不过。我们每天看着K线图日思夜想，数着波浪沉迷于价格的起起伏伏，天天不停地追涨杀跌，为阳线喜，为阴线悲，最后得到的是什么呢？有成果的无非是一些蝇头小利，无成果的鬓边平白多填几丝白发，仅此而已。

为什么会这样？很简单，因为当前市场上的大部分股民都是以日线作为常见的看盘时间周期。一句话，你选择的看盘时间周期太短，视野不够开阔。你的双眼已经完全被日线剧烈的波动所蒙蔽，根本分不清主次，更不用提看清波动的真相了。正因为日线看盘周期相对变化较快，主力也很容易在日线图上制造一些技术骗线，如前面章节中说到的风洞形态，这就为散户的正确操作设置了许多障碍，不利于散户获取较高的收益。再看主力机构，高屋建瓴、登高望远，总揽全局，抓住事物的核心本质，从而采取适当的策略，以获取超额的收益。

图 8-1 所示为健帆生物（300529）2016—2021 年全盛时期的日线图。它从 2016 年 8 月 2 日的低点 5.08 元起步，到 2021 年 5 月 21 日 103 元的历史高点为止，历经 5 年左右的时间，创造了超过 19 倍的超额收益，可谓股市的神话。

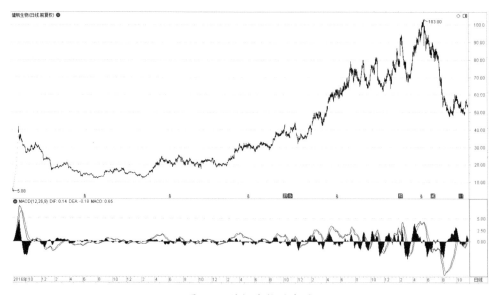

图 8-1　健帆生物周线图

笔者相信无论你用何种技术分析手段，在这个过程中都能够找到许多合适的买点。但在当时，面对如此跌宕起伏的走势，你还会有把握吗？

或许有不少人会说："我虽然把日线作为看盘的时间周期，但是我也看大势，做的也是趋势交易。"是的，在操盘的过程中你一定也是根据趋势来对行情作出判断并进而展开操作，关于这一点我绝对认可。问题在于，你所倚重的日线趋势其实波动也十分频繁，只要行情中有一个转折，你就可以利用软件的画图功能在日线图上画出好几条趋势线。当你依据日线图上的趋势线，在以为头部来临,从而将筹码卖出后。那笔者敢保证,事后你一定会发现,当时的头部或许不过是整个行情的一小部分而已。

还有人可能会提出这样的问题:日线时间周期短,看盘时造成趋势判断不准确,那么改用周线看盘如何?如果说一个投资者能使用周线作为自己的看盘周期,其投资成绩一定很可观。相比日线的波动,价格在周线上的波动的确稳定了许多。

图 8-2 所示为健帆生物(300529)2016—2021 年的周线图。相比图 8-1,周线图上波段走势的脉络清晰了许多,一招一式都显得很有章法。应该说,使用周线图操盘,适用于大行情的波段走势。

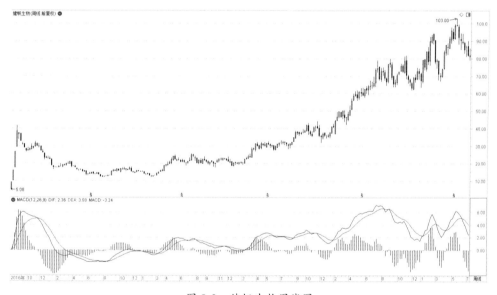

图 8-2 健帆生物周线图

问题是,如健帆生物这样的超级大牛股,其在几年的上升行情中,会产生许多清晰可辨的波段走势,而在波段的转折处有很多明显的顶底特征。假如遇到这种问题,你会有十足的把握继续持股待涨吗?

不管怎样,相比用日线看盘,使用周线看盘效果更不错,对散户来说,至少是个很不错的选择。假如投资者能坚持用周线看盘,并且进一步提高操作技巧,一年下来的收益率至少会迈过一年期存款利率和 CPI 这两道门槛。

但对于立志如机构般赚大钱的人来说,停留在周线看盘阶段还是不够的。因为周线仅仅能够把握波段的变化,相比健帆生物此类牛股,即便你曾参与过,也很容易被甩下来。想要"咬定青山不放松",将此类牛股的行情做足,则必须更上一层楼。而这就是我们下面要介绍的内容。

8.1.2　超大时间周期

前文我们简单探讨了散户常规看盘周期的弊端,指出因为日线图变化较快,散户在看盘过程中容易被主力利用,不利于操作。我们还指出,使用周线看盘可以很好地把握波段行情的走势,提高收益率,因此较适合于散户。然而,如果是一只翻倍牛股,或者翻几倍牛股,因为大趋势波段转折较多,这时使用周线操作往往容易被主力清洗出局,从而错失几年一遇的难得的行情,这是周线看盘的弱点所在。

既然日线和周线都不是我们的首选,那么对于立志赚大钱的我们应该选择何种时间周期看盘呢?是月线,还是最漫长的年线?

月线近些年已经越来越受到机构的重视了,它简明、直观,相比日线和周线,有着无可比拟的优势。不仅机构重视,就是一些拥有大资金的个人投资者往往也使用月线图判断趋势。尽管月线拥有许多的优点,但月线也有一个缺点,那就是有的股票一旦大比例除权,那月线上会产生一个缺口,不利于做技术分析。

或许有人会说,现在软件功能很强大,可以将行情复权观察。这的确是一个办法,至少将前面的问题解决了。但一旦将价格复权,新的问题又出现了,由于现在市面上普通分析软件的设置都以观察近期行情为主,因此时间相对较远的历史数据往往会被分析软件自然地压缩,不利于视觉观察。

我们仍以健帆生物为例,用图例的形式将除权与复权的行情做一个对比。

图8-3所示为健帆生物(300529)自上市以来到2021年11月的月线全景图,请注意这是没有经过软件复权的图。图中巨大阴线为该股2020年时每10股送转9股留下除权缺口,但在一个月内是连续走势,所以出现了巨大阴线。选择买还是选择卖的选择过程一定很艰难,因为除权的缺口对股价走势产生了破坏作用,让股价走势变得不自然。

使用日线看盘的散户都有这样的体会:有的股票非常喜欢大比例地送股,导致几年行情下来留在日线图上的缺口会有好几个。归根结底,除权其实也是主力在图上为散户设置的障碍之一,它在扰乱我们视线的同时,也将主力的真实意图深深地隐藏了起来。

图 8-3　健帆生物月线除权全景图

我们再看一下健帆生物经过复权后的月线图。

图 8-4 所示为健帆生物(300529)自上市以来到 2021 年 11 月的月线全景图,请注意这是经过软件复权后的月线图。我们看到经过软件复权后,虽然除权的问题解决了,但图中方框标注的 2016—2021 年的历史数据被分析软件自然地压缩,并且压缩得很厉害,已经很难再用肉眼进行观察了。图中右侧箭头所指的那根 K 线为股价除权的时间段。

由此我们得出结论,月线图虽然优点众多,但仍还有瑕疵,因此它还不是我们的首选。有的读者此时已经想到用年线了。年线是一年行情的汇总,反映了股价一年来的变化情况。但年线实在是太漫长了,中国证券市场从建立至今不过短短的 22 根年 K 线。有的股票上市不过几年,打开年线只有区区几根年 K 线,想要以此来推断行情,未免舍近求远。假如散户以年线作为看盘的时间周期,由于它周期太过漫长,别说散户等不起,即便等得起,这一生恐怕也操作不了几回,这未免让人徒生慨叹。但年线也不是一无是处,在对指数进行技术分析时,它可以发挥一定的作用。

既然这也不行,那也不成,那究竟应该选用何种时间周期呢?答案就是软件里面的季线。

为什么会选择季线作为我们的看盘时间周期呢？因为它完全克服了日线、周线、月线和年线存在的弊端，能够看清所有牛股的大趋势。还有一点，就是季线在上述优点的基础上能够很好地与MACD指标相配合，帮助我们及时有效地发现大牛股的踪迹，从而买在底部而卖在顶部。

图 8-4　健帆生物月线复权全景图

首先让我们看一下季线具有怎样的优点，我们仍以健帆生物为例。

图 8-5 所示为健帆生物（300529）在除权状态下的季线全景图。图中箭头所指的 K 线即为月线图上除权的地方。我们看到它在季线图上没有留下任何痕迹，走势十分流畅，丝毫不影响对大趋势的判断。由于是除权图，因此除权前的历史数据在图上保留得很好，没有被压缩，这为我们总揽全局、判断该股总体趋势提供了便利条件。

相比日线图和周线图，季线图的优势更为明显。日线图次级杂波太多，让人眼花缭乱；周线图波段转折太强，很容易令人迷失方向。而季线图对于股价整体趋势的判断具有整体性和稳定性，既解决了月线图除权的问题，又保留了月线图简洁直观的特点，同时克服了年线时间太过缓慢的缺陷。因此，建议读者在今后看盘时最好使用季线图作为看盘时间周期的首选。

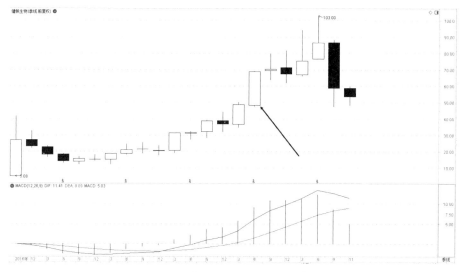

图 8-5　健帆生物季线除权全景图

8.1.3　重要时间因子

一个事物既然能够存在，自然有它存在的理由。打开市面上任何一款证券分析软件，都有季线图。我们知道日线图代表一日的走势，周线图代表一周的行情，月线图代表一月的变化，而年线图是对一年行情的总结。这些线图都代表各自的、严谨的时间周期，与我们常用的时间周期相吻合。即便是变化更快的分时图，也是针对日线图在其各自时间段的切割。季线图在这点上也不例外，下面我们就来分析一下它内在的时间因子。

季是个时间单位，是 3 个月时间段的简称。如果一个月按 20 个交易日来计算的话，季线即意味着 60 天的时间周期。60 这个数字大有讲究，我国古代说 60 甲子，意味着一个循环的结束，事物要开始一轮新的循环。在证券市场，60 也是一个很重要的时间单位，人们最常用的一根均线就是 60 天均线，投资者普遍认为这是中线走势好坏的一个很重要的"分水岭"。站上 60 天均线，意味着中级行情的开始；跌破 60 天均线，意味着中线行情的向淡。在季线图中，一根 K 线是 60 天日线行情的浓缩，反映这个循环段行情的好坏。因此，季线图具有十分重要的时间周期背景，使用季线图就意味着在使用一个反映中线趋势的时间因子。

8.2 季线图使用的工具

散户一般很少使用季线图进行操作,因此对这一时间段图的操作或许会感到陌生。其实季线图并不神秘,而且我们也在第 1 章的内容里面谈到过,技术分析的好处就是它能够适应所有周期的图,你可以放心大胆地在任何时间周期的图上进行操作,因此操作季线图与操作日线图没有什么不同。季线图的好处就是简洁,可以很好地反映一只股票整体的趋势动向,所以尽管目前市面上任何一款证券分析软件里的技术分析工具林林总总,不下几十种,但我们并不需要很多。本书是一本专门讲解 MACD 指标的技术类书,因此在季线图的操作中,MACD 指标仍然是我们的首选。操作季线图,我们还要用到一种技术分析工具:趋势线。除此之外,我们需要注意的一点就是,在操作中要使用股价自然除权的图。

8.2.1 MACD 指标

关于 MACD 指标在季线图中的使用有两点需要说明。

第一,使用软件自带的 MACD 指标即可,不用过多地改变指标。这里的改变包含两层意思:一是对指标参数的更改,二是对指标本身的修改。

MACD 指标是由杰拉尔德·阿佩尔于 20 世纪 70 年代发明的,在其本人使用该指标的过程中,他曾反复比较、筛选不同的参数设置,并利用计算机对不同参数在不同市场中的表现进行了大量测试,最终将参数设置定格在现在使用的三组参数上。阿佩尔测试参数的市场环境是美国市场,是全世界金融交易品种最多、金融交易历史最长的地方,具有很强的代表性。能在这样的市场历经考验,并最终广为流传,相信这三组参数一定经过了千锤百炼,在各个市场都表现优异,方能历久弥新。由此可见,我们实在没有必要再对 MACD 指标的参数进行修改。至少在笔者看来,除非你放弃使用 MACD 指标,否则它的市场表现已经足够好了。

如果你浏览各大财经网站里面的股票论坛,可能会发现 MACD 指标现在已经变得千姿百态。许多人使用各种手段改变着 MACD 指标本来的面目。有的加上了顶底背离,有的做出了种种颜色,有的将指标百分比化,有的将指标搬到了主图上面，可谓种类繁多，不胜枚举。这些修改一方面或许是作者为了自己使用方便，另一方面不乏有人借此沽名钓誉，在论坛中博取名声。可无论怎么改变，当浏览指标解释时，MACD指标的源码还是那几句。也就是说，改变的仅是指标的外在，但指标的构造原理依然没有任何变化。套用现在流行的一句话："不管你改还是不改，它都在那里。"

第二，散户平时不关注的MACD指标绿柱，在季线图中要用到。

MACD指标之所以如此受欢迎，除了是因为指标本身构造简单，稳定性好，对股价中线走势有很好的参考作用以外，还因为它集趋势类指标、摆荡类指标、动量类指标三者的优点于一身，几乎所有的指标使用技巧都能够在它身上找到可以运用的地方，因此也有人说MACD指标是指标之王。

MACD指标的红绿柱代表股价上升与下跌的动能，在使用季线图寻找股票底部转折的操作中，我们将观察点放在MACD指标的绿柱上。在动能交易中，绿柱如果在股价大幅下跌后逐渐缩短，我们就可以理解为股价的下跌动能减弱。反过来也意味着，股价的上升动能逐渐增强。

图8-6所示为广信材料（300537）2016年6月—2021年11月的季线图。我们看到股价缓慢下跌，对应的是MACD指标的绿柱不断增长，这表明杀跌动能不断增加。绿柱不断缩短，说明杀跌动能已经不足，这就意味着上升动能正在孕育，股价因此见到了底部，并缓慢爬升。

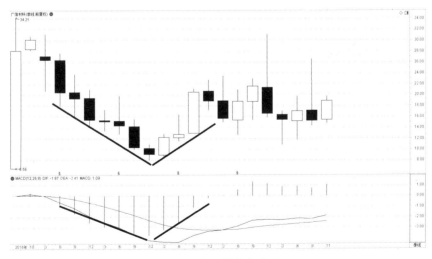

图8-6 广信材料季线图

8.2.2 趋势线

趋势线是一种最古老、最朴素的技术分析方法，远在查尔斯·道创建道氏理论时便将它引入图表中，那时现在流行的各种技术指标还没有诞生。可以这样讲，道氏理论中关于趋势的描述就是依靠趋势线这种工具来体现的。在它的全盛时代，曾有"一把直尺走天下"的说法，即无须借助其他任何技术分析工具，仅仅使用趋势线技术，投资人便能够对行情做出正确的分析和预判。

随着时代的进步，技术分析方法也不断地变化发展，各种新技术不断涌现，加上计算机普及带来的数据计算上的便捷，投资者逐渐青睐基于数学统计原理的指标操作，趋势线这种技术渐渐无人问津。但在季线图的操作上，由于我们只针对股价结构的大趋势进行判断，加上一些股票上市时间短，季线图的数据相对较少，所以趋势线这种技术能更好地发挥其功效，因此我们这里将趋势线引入进来与MACD指标相配合，指导我们的操作。

8.2.3 除权图

只需保留最原始的除权的图，无须任何改动，其目的就是充分展示图本来的结构，利于我们对趋势做出明确的判断。

● 8.3 季线图的操作

在详细介绍完季线图表的概况和操作季线图需要使用的技术分析工具后，我们便正式开始季线图的操作。

季线图的操作分为两个部分：第一部分，季线图本身的买卖操作；第二部分，兼顾短线的策略，将日线图或者周线图引入进来，二者相互配合进行操作。下面逐一展示这两种操作技巧。

8.3.1 季线图的买点

由于季线图时间跨度很长，因此不论是股价的上行趋势还是下行趋势均十分清晰可辨，这为我们使用趋势线技术提供了很大的方便。此外，由于季线图中的一根 K 线代表了 60 天的日线行情，是日线行情阶段性的总结，因此 K 线语言便显得十分重要。日线图由于价格变化较快，因此，哪怕是一根具有见底或见顶特征的 K 线，也要随后经过行情的确认方能具有意义。但季线图中的 K 线不然，可以单独使用，我们要充分相信这种 K 线语言的提示作用，便于我们在低位买进，高位卖出。

季线图买点模式共有两类：一类是突破下降趋势线产生的买点，另一类是突破下降趋势线的起点所引出来的水平阻力线产生的买点。

突破季线图下降趋势线买点模式具有以下几个要点。

（1）使用证券分析软件里面的画图功能，准确画出下降趋势线。

（2）K 线以较大阳线突破之前的下降趋势线。何为较大阳线？季线图的标准就是单根 K 线的涨幅在 50% 以上。

（3）若突破 K 线的涨幅在 50% 以上，可直接买入；若突破 K 线的涨幅在 50% 以下，说明力度较弱，后市有可能进行整理。我们以突破 K 线的最高价作为未来行情的阻力，在突破这一阻力后买进。

（4）K 线突破之前的下降趋势线时，MACD 指标最好出现红柱，预示上升动能出现；如果未出现红柱，则绿柱必须出现缩短状态，预示下跌动能已经减弱，上升动能缓慢积蓄中。

图 8-7 所示为兴齐眼药（300573）自上市以来到 2021 年 11 月的季线全景图。该股上市后略有横盘便开始漫长的下跌，这期间在大趋势向下的情况下根本没有好的介入时机，直到 2019 年第二季度的季线出现才改变了这一局面。用软件十字光标查看，这根突破季线幅度达 173.64%，符合模式要求。与此同时，MACD 指标也同步趋好，两条均线几乎处在黄金交叉状态，买点出现。即便我们以下一季线的开盘价 50.93 元买入，以出现最高价的那根季 K 线的收盘价 226.2 元卖出，获利空间也非常大。

图 8-8 所示为宏大爆破（002683）自上市以来到 2021 年 11 月的季线全景图。该股自有一段时间震荡下行，这期间根本没有好的介入时机，直到 2018 年第二

季度季 K 线出现才改变了这一局面。用软件十字光标查看,这根季 K 线虽然突破了下降趋势线,可幅度仅为 17.28%,不符合模式要求。我们在突破 K 线的最高点画一条短横线作为阻力位,可以看到在经过两根季 K 线的整理后,股价再次突破,此时指标已经金叉趋好,买点出现。即便我们以再次突破季 K 线的收盘价 11.39 元买入,以那根最高价季 K 线右侧 K 线的收盘价 66.17 元卖出,获利空间也非常大。

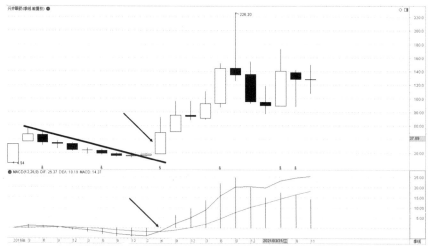

图 8-7　兴齐眼药季线全景图

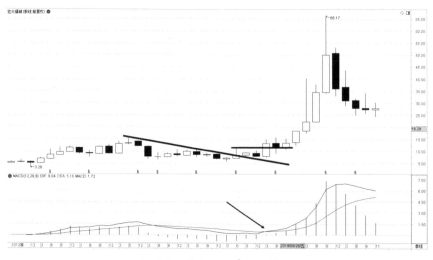

图 8-8　宏大爆破季线全景图

看过上述两幅示意图后,有的读者可能会有这样的感觉:确认突破 K 线的上涨幅度实在太大了，特别是兴齐眼药，只是突破 K 线的幅度便已经翻倍了，未免有些可惜。读者如此在意，平时一定喜欢短线操作。其实这是大家的错觉，也是对市场理解上的偏差。要知道我们使用的是季线图，时间跨度很大。就以兴齐眼药为例，大家只要打开软件对照便可发现，略去上市后的横盘不算，仅图上这段下跌趋势，时间便长达三年半。如此漫长的一段下跌，如果没有一段较大的升幅，是很难将阻力完全化解，进而突破成功的。股价翻倍甚至是翻几倍的牛股，主力一定是志存高远的，我们不能再用日线图的涨幅标准来衡量季线图，毕竟它是日线图 60 倍的浓缩。

下面我们来看季线图的第二种突破买点，即突破下降趋势线起点所引出的水平阻力线产生的买点。

此种买点的理论依据就是在第 4 章中提到的趋势线的高低点作用。下降趋势线的高点在后面转势的行情里起到的是阻力作用，我们利用这个特点产生了季线图上的突破信号。当然，这里的突破信号与日线图上的不完全一样，我们只保留下降趋势线的起点阻力作用，至于下降趋势线上其他高点的阻力作用，忽略不计，原因还是季线图时间跨度较大，其他高点的压力在季线图上已经使用不到了。

突破季线图下降趋势线买点模式具有以下几个要点。

（1）使用证券分析软件里的画图功能，在准确画出下降趋势线后，从下降趋势线的起点做出一条水平阻力线。如果起点是影线，则以最高收盘价或者最高开盘价为基准做出水平阻力线。

（2）突破 K 线的幅度不作要求，但必须以收盘价站上水平阻力线作为最后的突破标准。

（3）K 线突破水平阻力线时，MACD 指标必须是金叉状态，否则不予考虑。

下面我们用图进行说明。

图 8-9 所示为煌上煌（002695）从 2012 年 12 月—2021 年 11 月的季线图。从图中左侧最高开盘价处引出了一条水平阻力线，股价随后对这条阻力线进行了突破，并且收盘完全站在水平阻力线上，预示着突破有效，同时 MACD 指标处在金叉状态，也支持股价进一步地走好。就算我们以突破 K 线的收盘价 14.52 元买入，以股价最高点所在的 K 线收盘价 35.35 元卖出，也有翻倍的收益。

图 8-10 所示为良信股份（002706）2014 年 3 月—2021 年 11 月的季线图。

按照操作模式要求，我们首先绘制出下降趋势线，如图中虚线所示。接下来我们引出水平阻力线时，发现下降趋势线的起点是影线，于是我们选择最高的收盘价或者最高的开盘价作为水平阻力线的起点，如图中实线所示。我们看到一根阳线突破了水平阻力线，并且收盘价站在了阻力线上方，预示着突破成功，信号产生，此时 MACD 指标金叉，支持股价进一步趋好。假设我们以突破 K 线的收盘价 6.65 元买入，以最高点对应 K 线的收盘价 22.54 元卖出，获利空间非常大，其间投资者可以随时卖出。

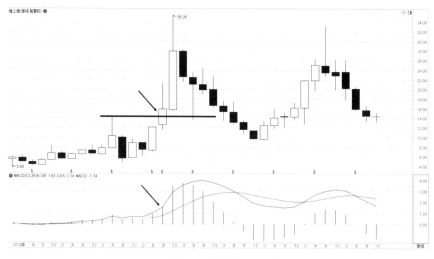

图 8-9　煌上煌季线图

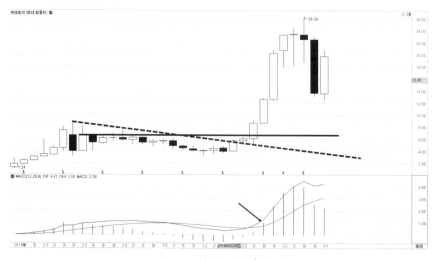

图 8-10　良信股份季线图

8.3.2 季线图的卖点

介绍完季线图买点模式后,接下来我们探讨季线图的卖点模式。卖点模式与买点模式相比,没有什么可以区分的种类,也忽略了趋势线的作用,更多是强调 K 线的组合形态和单根 K 线的意义。此外,卖点模式也不像买点模式那样对 K 线有严格的幅度要求。在指标运用方面,着重以 MACD 指标的红柱为主要观察对象。

季线图卖点模式具有以下几个要点。

(1) K 线组合形态或单根 K 线形态若出现经典见顶信号,为卖出信号。

(2) MACD 指标最大红柱值对应的季 K 线为重点观察对象,以此根季 K 线的最低价为支撑点,若跌破为卖出信号。

(3) MACD 指标红柱连续三根出现缩短形态,即便股价没有下跌,也要择机卖出。

我们用图例进行说明。图 8-11 所示为友邦吊顶(002718)自上市以来到 2021 年 11 月的季线全景图。这是一个经典的季线卖出信号图。主图中最高价季 K 线对应着 MACD 指标最大红柱值之后的首根缩小柱线,季 K 线为一根流星性,这本身便有一种行情限于胶着的意味。我们以这根 K 线的最低价画一条短横线,作为未来行情的支撑。随后一根季 K 线跌破了这个支撑,发出了卖出信号;更主要的是,这里构成了一个经典的黄昏之星 K 线组合,又发出了一个卖出信号,出现了双重信号的汇聚。因此在这里做卖出的行动应该说毫无疑问。至于随后能够下跌多少,或是否能够下跌,不是我们应该关注的问题。我们只需按照信号进行操作,剩下的由市场来决定。

我们再来看下一个卖出信号的图例。图 8-12 所示为电光科技(002730)自上市以来到 2021 年 11 月的季线全景图。图中展示的是一个经典的卖出信号。在图中箭头所指的方框内,MACD 指标红柱连续三根出现缩短形态,意味着上升的动能已经开始衰竭。尽管股价在此期间横盘整理,但股价重心在缓慢地下移。经过如此大幅度的上涨后,我们可将主力的横盘行为理解为主力的目的是出货。在出货完毕后,股价随后下跌至起涨点附近。

在对季线图本身的买卖操作中,我们并没有涉及和使用成交量这个重要的指标。这还是因为季线图本身时间跨度太长,成交量在这当中已经发生了很多变化，因此不太适合再作为行情研判的辅助指标，所以被我们放弃使用。当然，若有读者觉得成交量指标可以继续使用，就自行推演。

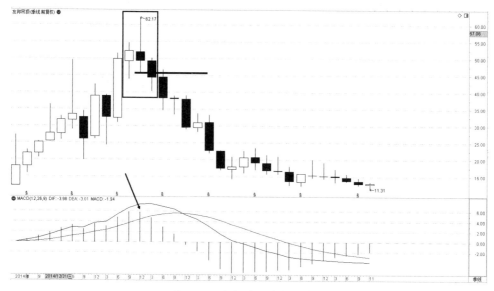

图 8-11　友邦吊顶季线全景图

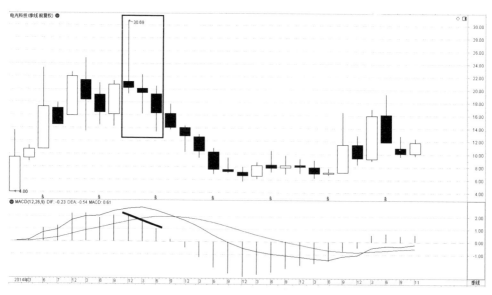

图 8-12　电光科技季线全景图

需要说明的是，我们放弃使用成交量指标的情况只限于季线图。在介绍季线图结合日线图的操作技巧时，在日线图上我们还是要用到成交量指标，毕竟在短周期的买点确认上，它的作用无可替代。

8.3.3 双图合璧

尽管季线图拥有如此巨大的优势，并且季线图的买卖模式相对其他模式还相对简单一些，但由于其时间跨度较长，喜欢做短线的朋友还是不大喜欢用它。在实战操作中，这样的问题确实在困扰着我们，毕竟一只股票想要翻倍需要有很长的路要走。从季线图上看，它往往需要一年以上的时间。在这一过程中，股票的波段回调的确非常折磨人，有些时段其杀伤力往往也很惊人，有没有一种办法来加以弥补呢？这里我们提出这样一个思路，即将季线图与日线图结合使用，这样既可以尽最大可能做好一只牛股的主升段，又可以尽量规避波段下跌带来的风险。如果我们找到两只这样的牛股，只要它们的时间段不重复，我们就可以轮流操作了，岂不是一举两得？

双图合璧进行操作时，有以下几点需要注意。

第一，季线图我们使用除权的图，但转到日线图时，一定要使用复权的图。这是因为有些股票由于大比例除权的关系，在日线图上会留下巨大的缺口，会给我们对日线图的技术分析带来一定的困扰，因此我们要利用软件的复权功能使行情变得流畅、自然。

第二，由于巨大的时间差，两个不同时间周期的图，其价格走势一定存在不同步的现象，因此在季线图上一旦确定趋势扭转，并且产生了买进信号时，日线图上的操作一定要逢低买进。这种逢低买进不是乱买，而是最好依据日线图给出的信号进行。

第三，由于日线图变化较快，因此有的时候它会提前于季线图出现买点。如果此时季线图买点尚未成立，但已呈现突破状态，投资者也可以在控制仓位的情况下进行短线操作。

第四，无论是季线图上的下跌趋势线，还是季线图上的水平阻力线，在转到日线图上操作时一定要依据原有的高点去确定，不能擅自改动，否则就失去了意义。

下面我们就通过几个实例，说明一下季线图和日线图二者是如何配合使用的。

图 8-13 所示为 TCL 科技（000100）2014 年 12 月到 2021 年 11 月的季线图。在经历了漫长的三年半的下跌后，2019 年第一季度，一根季 K 线突破了下降趋势线，此时指标还未趋好，这根 K 线突破幅度仅为 75.57%，不符合标准，未能构成买点。我们利用画图功能在这根 K 线的最高价处画一短横线，价格为 4.12 元，以此作为日后行情的阻力。随后股价再接再厉，两个季度后股价突破了阻力，并且 MACD 也出现了金叉，此时确立了买点。

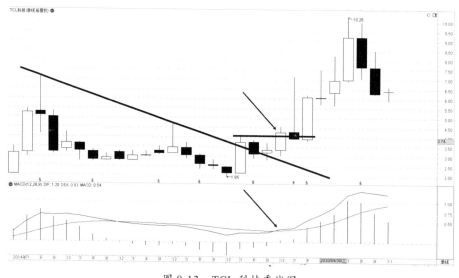

图 8-13 TCL 科技季线图

在季线图出现买点后，我们就将该股确定为日后连续操作的对象，直到它在季线图上出现卖点为止。下面我们转到日线图，看一下在这段时间内日线图出现了什么变化。

切记，日线图一定要用复权图。

图 8-14 所示为 TCL 科技（000100）2015 年 5 月—2021 年 3 月的日线图。图上的下降趋势线就是依据季线图上的高点所在的时间段绘制的。我们看到图中方框标示出下降趋势线已经被突破。让我们将这段走势放大，看看到底发生了什么。

图 8-15 是 TCL 科技（000100）日线突破走势的局部放大图。当股价穿过下降趋势线时，表现出高位长阴线、在趋势线附近震荡的特征，说明此处上穿趋势线并不坚决，震荡过后就是涨停、再震荡、再穿涨停，此时距离趋势线的距离就比较远了，并且最后一次冲高还出现了 MACD 的顶背离。可以说当时我们

是看着股价在震荡、突然冲高,然后在再震荡、再突然冲高中度过的,并没有出现一个恰当的买点。

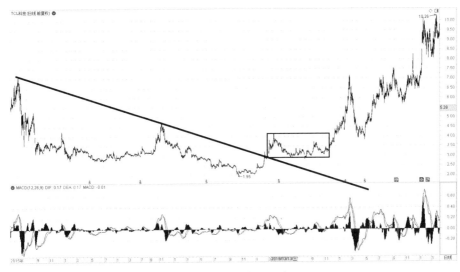

图 8-14　TCL 科技日线图

图 8-15　TCL 科技局部放大图

我们看一下日线图最后突破的全过程。

图 8-16 所示为 TCL 科技在突破下降趋势线后到季线出现买点的日线走势全过程。从突破下降趋势线到季线图出现真正的买点,主力为了今后能快速拉升,

采用了大箱体横盘模式来打击投资者的持股信心。如果投资者没有耐心,相信一定会被主力清洗出局,这也说明日线行情不好把握,因为波动太大。到季线突破处,我们看到股价开始快速上涨,短时期内就可以让人收益丰厚。由此看来,操作日线图提前出现买点的模式时,要做好打持久战的准备。

图 8-16 TCL 科技日线突破全景图

我们再来看一个实例。图 8-17 所示为东方盛虹(000301)2005 年 12 月—2021 年 11 月的季线全景图。下降趋势线是连接 2007 年三季度的季线高点和 2015 年二季度的季线高点所形成的。2020 年第四季度的季线对这根下降趋势线形成了突破,用软件的十字光标查看,很可惜突破幅度仅为 9.89%。我们在这根 K 线的最高价 6.47 元的位置画一条短横线,作为未来的阻力。虽然此时买点未能出现,但毕竟产生了突破,而且下方指标也呈现出强势状态,因此我们需要密切关注,看一下接下来会发生什么。

下面我们转到复权后的日线图,看是否有机会。

图 8-18 所示为东方盛虹(000301)2007 年 3 月—2020 月 12 月的日线图。图中的下降趋势线就是依据季线图上的两个高点连接形成的,我们把它原封不动地搬到日线图上。记住,这是一个原则,即在季线图和日线图的配合过程中,季线图的趋势线一定不要在日线图上改变,否则分析就没有任何意义了。图中最右侧箭头所指的方框是季线图上的突破区域,我们看看到底是怎样突破的。

第8章 | 寻找翻倍股的绝技——双时间周期

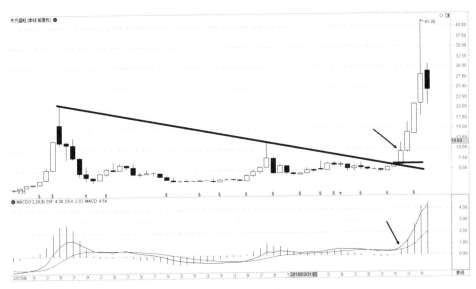

图 8-17　东方盛虹季线图

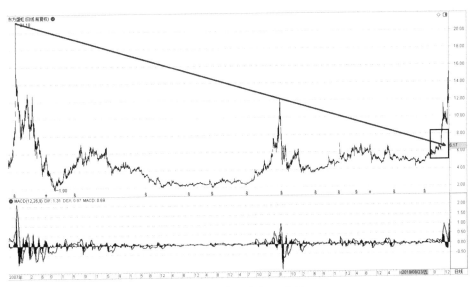

图 8-18　东方盛虹日线图

图 8-19 所示为东方盛虹（000301）突破区域的日线放大图。图中略向下倾斜的横线是下降趋势线的延长线。当 2020 年第四季度的季线对这根下降趋势线进行突破时，日线图上并没有产生有效突破，这也验证了季线图上突破 K 线不是买点的结论。我们看到股价随后紧贴下降趋势线运行，在图中右侧箭头标示处形成了真正意义上的突破，并且量价配合，同时指标也给出明显的买进信号。

239

最主要的是，这一天的收盘价是 6.97 元，已经站在了季线图突破 K 线的最高价 6.47 元之上。换句话说，此时你要是打开季线图，季线图也形成了突破，因为这天是 2020 年 11 月 3 日，已经处于 2020 年第四季度 K 线之中。

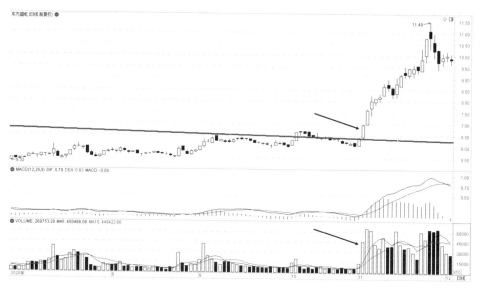

图 8-19　东方盛虹日线放大图

上面两个实例都是突破季线图下降趋势线产生信号的例子，接下来我们来看突破季线图水平阻力线产生信号的例子。

图 8-20 所示为泸州老窖（000568）从上市之初截至 2021 年 11 月的季线图。我们看到图中标示的是从波段最高开盘价引出的水平阻力线，用软件的十字光标查看，这条线的起点在 2017 年 12 月。后来股价用一根有力度的阳线，一举突破了以最高开盘价为基准引出的这条水平阻力线，并且收盘站在水平阻力线上方。此时 MACD 指标呈现出金叉运行格局，支持股价进一步趋好，买入信号成立。我们利用软件的十字光标，可以查到突破 K 线的时间是 2019 年第二季度，突破时段发生在 4 月 1 日到 6 月 30 日，现在我们把目光转到日线，看看发生了什么。

图 8-21 所示为泸州老窖（000568）2017 年 8 月—2019 年 7 月的日线图，注意要使用复权的日线图。图上有一条水平阻力线，这是依据季线图上的水平阻力线的时间确定的，突破点与季线图相符。既然此时季线图上已经发生突破，日线图也已经跟随，那么我们当然就要看看突破的具体情况了。

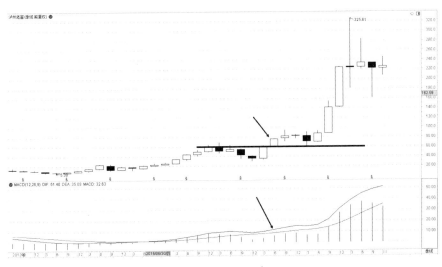

图 8-20　泸州老窖季线图

图 8-21　泸州老窖日线图

图 8-22 所示为泸州老窖（000568）突破后的股价运行图。在图上的水平线段代表的是图 8-21 中水平阻力线的延长线。在股价随后的运行过程中，这条被突破的季线水平阻力虽然几次被反复穿越，但经受住了多次考验，每当股价回落到这条线附近，就出现一波反弹行情。波段操作高手完全可以在这附近频繁地逢低操作，获取波段收益。若是不擅长波段操作的投资者，因为季线图并没有趋坏，也可以一直持有下去。当然，这需要坚持。

经过了一年多的整理后，在图 8-22 中最右侧的上下箭头所指处，我们看到股价最终突破了整理形态产生的下降趋势线。这个位置对中线投资者、长线投资者来说，是最好的买点位置。

图 8-22　泸州老窖后续走势图

图 8-23 所示为泸州老窖（000568）最后的股价走势图。若是投资者依据突破季线水平阻力位就展开买入，大概买在 90 元附近，到达顶部的时间为 8 个月，但是可以实现两倍以上的收益。

图 8-23　泸州老窖日线图

图 8-24 所示为贵州轮胎（000598）2017 年 3 月至 2021 年 11 月为止的季线图。这条阻力线被后面的一根阳线突破，并且收盘价站在阻力线上方，相对应的是 MACD 指标金叉运行，符合模式要求。利用软件的十字光标查看，顶部在 2020 年 1 月到 3 月，突破点在同年的 7 月到 9 月。下面我们就转到日线图观察情况，注意，日线图要回到复权状态。

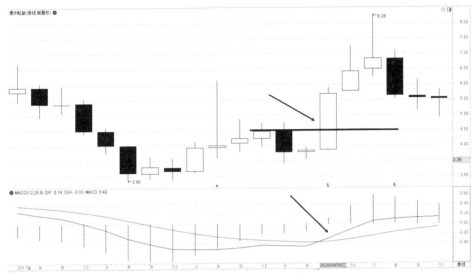

图 8-24　贵州轮胎季线图

图 8-25 所示为贵州轮胎（000598）2018 年 12 月—2019 年 8 月的日线图，图中横线是我们在季线图中画出的水平压力线。经过一个季度的回调后，股价以涨停的方式向上穿越了季线压力，在季线附近反复震荡。虽然反复穿越季线，但最终还是回到季线之上。季线水平压力位有支撑作用。

图 8-26 所示为贵州轮胎（600519）突破后的后续股价运行图。图中有 3 个箭头和 3 条线，最下方的水平线是季线压力线。第 1 个箭头指示的是对季线压力线的突破，在突破该线时，形成了一个小震荡平台。当股价上穿该震荡平台后，又形成一个新的震荡平台，但新震荡平台始终位于前一个小震荡平台之上，第 2 个箭头指示的是新震荡平台的低点。最上方的横线是股价继续上涨后再次回调，踩在第二个震荡平台的上方，第 3 个箭头指示的是回踩低点。贵州轮胎向上突破季线压力线后，以一步一个台阶的方式上涨。

图 8-25　贵州轮胎日线图

图 8-26　贵州轮胎后续走势图

通过对上面实例的分析，我们可以得出以下结论。

第一，季线图与日线图二者之间的价格走势确实存在时间上的差异。这种差异在日线图上体现为有时候行情启动时间不一致。但不论如何，只要季线图趋势向好，该品种就要被我们当作重点跟踪和观察的对象。

第二，在股票季线图大趋势向好的情况下，日线图一旦形成买点，不管这种买点出现的形式是回抽确认还是突破，我们在实战中都要有勇气买进。

第三，由于季线图时间周期相对较长，因此趋势一旦形成，巨大的惯性会促使行情在一段时间内不会衰竭。因此当读者通过季线图选出趋势向上的股票后，就要把它当作近一年主要的操作品种，然后通过日线图反复滚动操作，尽最大可能做足这只股票的主升段。

第四，实战中最好选择两只这样的股票轮流操作。当然，这样操作的前提是，两只股票之间要有一定的时间差，因此不同板块的品种是我们股票轮流操作的首选。

8.4 实例分析

使用季线图操作买卖信号相对简单，趋势判断容易识别，唯一的缺点就是时间周期长，所以信号较少。在实战中，笔者更多的还是采取季线图与日线图双图合璧的这种操作方式进行个股买卖。资金较大的投资者，为了追求稳健，在使用季线图的趋势行情做背景的基础上，也可以选择周线图进行短周期内的操作，前面我们谈过，周线图适合于大趋势的波段操作，这样的双图组合也是个不错的选择。

当然，与前文一样，进入实战案例前，要谈一下止损的设置。

8.4.1 止损设置

单纯使用季线图进行操作，止损的设置相对简单，一般都是以买入K线的最低价作为止损点。如果是日线图或者周线图，止损位置的设定相对复杂一些，但也逃不过几个范围。如回抽确认低点的走法，以回抽确认的那个低点为实战的止损位；如以突破平台为买点的走法，便以该平台的最低点作为实战止损位。周线级别与日线级别的道理相同，大家可以自行研究，不再赘述。

8.4.2 实例

由于企业上市日期不一样，因此每只股票的历史数据也不相同。这好比深发展是深圳股市最早上市的企业，相对于上市不过几年的企业而言，其历史数据或许比后者多出数倍。由于软件设置上的关系，其日线上前期的历史数据或许就会被压缩，这样对正确画出趋势线极为不利。在实战中若遇到此种情况，大家不要勉强而为之，也可以采用季线图结合周线图的方式进行操作。

图 8-27 所示为湖北宜化（000422）2007 年 9 月—2020 年 11 月的季线全景图。我们看到图中一个历时十余年的下降趋势线被 2021 年第二季度的季线突破，并且突破时指标处于强势区。虽然看起来一切都很好，但我们利用软件的十字光标查看时，发现这根 K 线的幅度为 126.36%。尽管如此，我们再次等它突破形态确立，还是在这根季线的最高点画一条短横线，作为未来股价的阻力，这个价位是 9.37 元。我们将该股作为重点跟踪品种，转到日线，看看它能否给我们带来一定的交易机会。

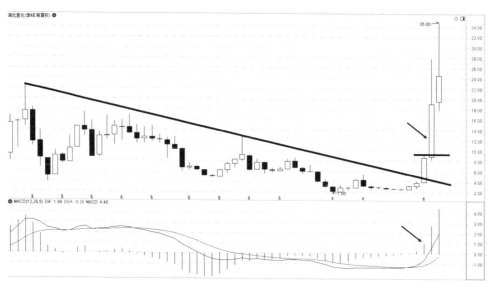

图 8-27　湖北宜化季线全景图

图 8-28 所示为湖北宜化（000422）2007 年 9 月—2021 年 8 月的日线图。图中的下降趋势线就是按照季线图中高点的时间连接而成的。在图中的最右侧方框标示的区域，出现了突破走势，我们将其放大看看到底发生了什么。

图 8-29 所示为湖北宜化（000422）突破区域的局部放大图。一根阳线突破了季线图中的下降趋势线，收盘价格是 10.25 元，同时突破了季线图中突破 K 线的最高价 9.37 元，这就意味着季线图上的阻力已经被突破。此时季线趋好，日线指标强势，价格突破，临盘时投资者没有理由不买进。

第8章 | 寻找翻倍股的绝技——双时间周期

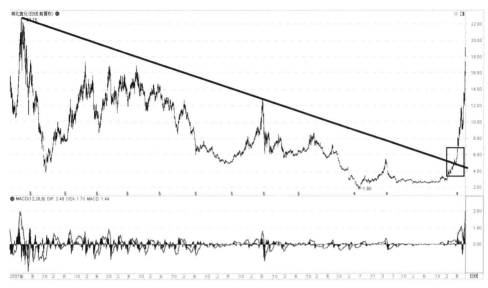

图 8-28　湖北宜化日线图

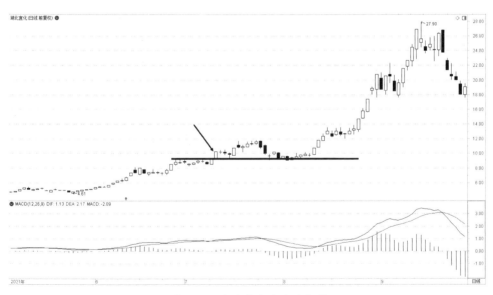

图 8-29　湖北宜化突破放大图

买进后该如何确定卖点呢？

图 8-30 所示为湖北宜化（000422）卖点示意图。通过不断调整上涨趋势线，直到股价下破趋势线为卖点，并且在股价最后一次破高时，MACD 柱线出现了顶背离，为确认卖点又提供了一层保障。

247

图 8-30　湖北宜化卖点示意图

　　双图合璧是一个全新的操作技巧，它更多地需要投资者经常转换图表周期进行相互比照，投资者刚上手时因为不熟练会觉得很不适应。这需要一个过程，只要在盘后多加练习，就会逐渐熟悉。由于笔者在操作中主要以季线图与日线图相结合为主，因此书中大部分图例采用了这种双图合璧模式。其实在实战中周线图与季线图相结合的模式效果也相当不错，对资金较大的投资者而言，未尝不是一个很好的选择。希望读者能通过上述思路和方法，找到你心目中梦寐以求的翻倍股票。